MAZAALAI

ÉLISE ROUSSEAU

MAZAALAI

Aux confins du silence,
sur la piste de l'ours de Gobi

ALBIN MICHEL

À Christopher Martin,
intrépide compagnon des aventures de mon enfance.
À John et Scott Martin,
à qui je souhaite de toujours croire en leurs rêves.

Il y a quelques années, je me suis rendue au fin fond du désert de Gobi avec une équipe de naturalistes français et mongols, sur la piste de quelques oiseaux, de quelques reptiles, et d'étonnants mammifères. Mais aussi, d'une certaine façon, sur la piste de moi-même. Ce livre raconte un peu de cette histoire et de ces chemins blancs, de ces steppes lointaines où volent, dorés et lourds, les syrrhaptes scintillants qui percent les nuées.

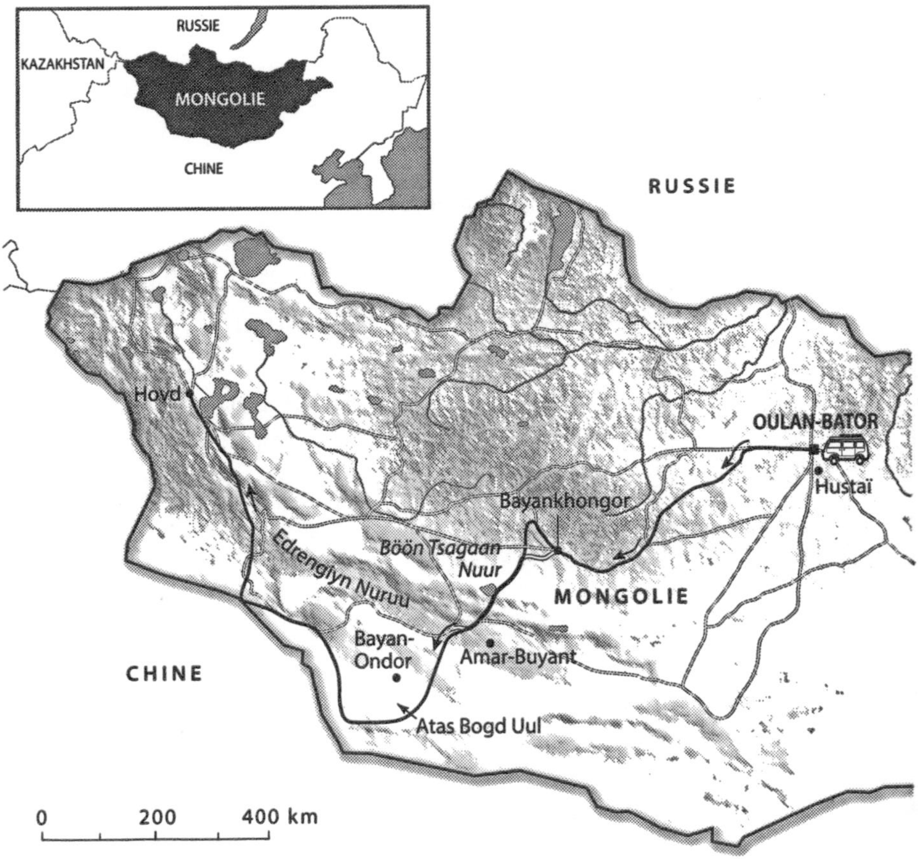
RUSSIE
KAZAKHSTAN
MONGOLIE
CHINE
RUSSIE
Hovd
OULAN-BATOR
Hustaï
Bayankhongor
Edrengiyn Nuruu
Böön Tsagaan
Nuur
MONGOLIE
Bayan-
Ondor
Amar-Buyant
CHINE
Atas Bogd Uul
0
200
400 km

Chapitre 1

Un kilomètre à l'est du camp

Truyuy-trururu
Truyuy-trururu

Le sable est gris, piqueté d'or, veiné de rouge, sous le soleil d'ambre du soir, dans le désert sans chevaux qui depuis longtemps a succédé, quand nous avons quitté Bayan-Ondor, aux steppes chéries des cavaliers. Je marche à l'est du campement, seule, dans le silence paisible, sans soupçonner encore l'aplomb minéral du vrai silence, ici, aux portes claires du désert de Gobi.

Truyuy-trururu

Là-bas, au camp, la vieille Tsevgee et la fière Zoulaa, fille de Galaa, préparent le dîner. Zoulaa a relevé ses cheveux d'un noir profond dans les savantes torsions d'un bandana rouge et blanc. Ses yeux fendus, puissants de jeunesse, écoutent attentivement les instructions sages de Tsevgee. Elles ne veulent pas de mon aide, chacun son travail : je suis la voyageuse, elles sont les cuisinières. Et les seules femmes de l'expédition, à part moi. Ne s'improvise pas cuisinière de la steppe qui veut, m'ont-elles fait comprendre, amusées, n'ayant nulle envie de me voir risquer de mêler du sable à leurs khuushuur huileux fourrés de viande. Là-bas, au camp, les chauffeurs mongols nettoient et inspectent leurs deux petits camions russes qui viennent de parcourir quelques centaines de kilomètres de pistes rocailleuses, tandis que les naturalistes discutent âprement de leurs observations du jour, se dépêchant de partager les notes furtives de leurs carnets avant que l'obscurité nous cueille, éteigne nos bouches et ferme nos yeux.

Truyuy-trururu

Ce chant flûté, où me mène-t-il ? De quelle boule de plumes gonflée d'amour et de vie provient-il ? Je poursuis ma marche. Personne ne m'a vue partir, personne ne m'a retenue. Je pourrais cheminer des heures dans le soir, disparaître dans la nuit, m'éclipser pour toujours et mourir desséchée dans le désert comme une vieille peau de mouton, sans que personne jamais ne me retrouve. N'avons-nous pas tous envie, fugacement, par moments, d'ainsi nous évaporer sans laisser la moindre trace ? De monter dans un train, n'importe lequel, et de filer ? Cela semble si facile, si simple. Pourquoi restons-nous si souvent sur le quai de nos existences ? Ce soir, ma liberté est absolue, mais l'horizon vers lequel j'avance est pour moi dénué de toute possibilité d'avenir. Ce ne sont que roches bleues, poussière de lune, absence de vie. Nous sommes sur le point d'entrer dans la zone la plus reculée du désert de Gobi.

Tk-tk-tk

Je ne marcherai pas beaucoup plus loin, pour ne pas prendre le risque de me perdre. J'avance avec un vague sentiment d'inquiétude, un œil attentif sur le campement qui s'éloigne, avec ses tentes orange, bleues et blanches que nous avons dressées tout à l'heure et les inoxydables petits camions gris, dépassés, démodés, et pourtant les meilleurs alliés possible d'une expédition dans un désert : contrairement aux 4×4 modernes, ces engins rustiques et dénués de technologie sont entièrement réparables.

Ce matin, j'ai quitté Bayan-Ondor en frémissant d'un sentiment troublant de liberté marbrée d'effroi. Je ne sais ce qu'ont pensé, à ce moment-là, mes compagnons de route, mais je crois que tous soupçonnent que quelque chose d'eux-mêmes ne reviendra peut-être pas intact de cette plongée dans le silence des nuits et des jours que nous avons pourtant tous conjointement décidé de vivre.

Bayan-Ondor est une petite ville du sud de la Mongolie, perchée sur un plateau entrecoupé de collines, le long de la rivière Tuin. Selon la carte, elle se trouve à 1 874 mètres au-dessus du niveau d'une mer que bien peu de Mongols ont eu le loisir de contempler, eux qui habitent un pays dépourvu d'océans. Cette bourgade perdue à l'orient de l'Asie centrale comporte l'avantage non négligeable d'être dotée d'une station essence. Un Mongol en habit traditionnel, deel bleu indigo et ceinture orange vif, bottes de cuir noir bien cirées, campé sur une légère moto chinoise, nous en a indiqué la direction. C'est là que nous avons fait le dernier plein, en prévoyant plusieurs bidons de carburant en réserve, avant de nous éloigner dans le désert. Nous avons passé la nuit précédente à Böön Tsagaan Nuur, le lac blanc, une vaste étendue salée, striée à perte de vue d'oies, de tadornes, de canards, de goélands, de mouettes, d'aigrettes – trésor ornithologique tel que nous n'en reverrons pas avant des jours.

Nous avons pourtant observé encore de nombreux oiseaux aux alentours de Bayan-Ondor : quatre perdrix choukar, un vautour moine, deux buses de Chine, un faucon crécerelle, un faucon sacre, une dizaine de pigeons des rochers, des alouettes hausse-cols, un traquet motteux, deux traquets pies, dix craves à bec rouge, quelques grands corbeaux, une poignée de moineaux friquets, des moineaux soulcies et un bruant de Godlewski – pour être précis.

Après avoir quitté la ville, le dernier oiseau à nous saluer fut un monticole de roche. Perché sur un rocher vaguement rosé, bien dressé sur ses pattes, nous surveillant attentivement de la bille noire perçante de son œil, la tête gris-bleu, le corps ocre, les ailes brunes, il préfigurait déjà les couleurs du sable. Il semblait le gardien des portes du désert, mutique, austère, un brin réprobateur, et nous ne savions pas si son présage serait ou non de bon augure.

Truyuy-trururu

Les rayons saturés d'or du soleil du soir, tandis que je marche dans le silence à peine croyable du désert de Gobi, étirent mon ombre démesurément, la tordant, la torturant, l'effilant comme un Giacometti. L'horizon lourdement plombé de nuages sombres contraste avec cette lumière irréelle. Un vent léger et chaud frôle et dessèche ma peau, caressant mes narines de l'odeur des milliers de kilomètres de pierres et de sable qui s'étendent devant moi. Avec surprise, j'aperçois dans ce lieu reculé une trace humaine : un peu plus loin s'élève en effet un bâtiment protégé par de la bouse de vache séchée. Je m'approche avec un peu d'appréhension. Et si je tombais sur un squelette humain, dans la vieille bâtisse ? Lors d'un précédent voyage en Mongolie, nous avions découvert un crâne d'homme, jauni, sur la rive d'un lac.

Pire, quelques jours plus tôt, en sillonnant la plaine, une alouette haussecol m'a attirée, par petits bonds, aux abords d'un cimetière de nomades : quelques stèles dans l'herbe, au milieu de nulle part. Je me suis gardée d'avancer, sachant qu'il n'est pas rare de trouver des ossements dans ce pays. Moins peureux, les autres naturalistes se sont approchés, et sont en effet tombés sur un squelette humain entier, encore frais.

« Tu veux voir ? » m'a demandé l'un d'eux.

J'ai décliné l'offre avec horreur et dégoût, restant prudemment à distance de regard.

« Y a encore deux autres crânes, en plus du squelette…, a-t-il ajouté. Parmi lesquels un vieillard, il n'a pas de dents. »

Les laissant à leur effrayante contemplation, j'ai préféré partir observer des agames à tête de crapaud, de gros lézards ventrus et empotés qui se cachent dans les herbes. Lorsqu'on se trouve à quelques mètres d'un squelette humain en fin de décomposition, un agame à tête de crapaud semble une bestiole tout à fait chaleureuse et réconfortante !

Il est vrai que nous, Occidentaux, sommes phobiques de la mort. Nous ne voulons plus voir ni cadavres ni squelettes. Nous tentons de faire comme si tout cela n'existait pas et sommes bien contrariés lorsqu'un deuil nous rappelle de façon très malvenue l'implacable et cruelle réalité de notre finitude. En Mongolie, c'est au contraire une vieille tradition bouddhiste de laisser parfois les défunts à même le sol. Les charognards – vautours, renards et autres nécrophages de la steppe – viennent les dévorer. Et comme le pays regorge d'animaux sauvages, il est certain qu'un corps ne reste guère longtemps à pourrir.

Découvrir l'existence de cette coutume si éloignée des nôtres, imaginer les chairs humaines lacérées par le bec puissant des vautours bouleverse l'Occidental. Pourtant, à bien y réfléchir, je préférerais finir en plein air, sous le soleil et sous le vent, dans le ventre d'un renard malicieux ou d'un vautour aux longues ailes brillantes, qu'enfermée sous terre, dans l'obscurité claustrophobique d'un caveau de pierre glacé, en proie à la voracité d'une multitude de vermisseaux grouillants. D'autant que je déteste le marbre ! Les cimetières des steppes, eux, ne sont pas kitsch, mais d'une simplicité douce et tranquille. À chaque civilisation sa mort…

Outre quelques squelettes humains, il arrive fréquemment, en pays mongol, de croiser en proportion importante des carcasses d'animaux – moutons, chèvres, chevaux, vaches, yaks… L'élevage est intensif, les hivers très rudes, et les os sont partout : ici on découvre un crâne, là un reste de sabot, une colonne vertébrale, quelques côtes… Sans compter les rites chamanes, où les sacrifices d'animaux sont réguliers, grâce auxquels il arrive parfois de tomber nez à nez, sur un rocher sanglant, avec une tête de yak ou de cheval décapité, à moitié desséchée – vision saisissante et rebutante, surtout pour une cavalière comme moi. En Mongolie, la mort, grande absente de nos paysages européens, rappelle continuellement sa présence. Elle n'est ni cachée ni tabou, elle fait paisiblement partie du quotidien. Si les premiers squelettes entiers d'animaux troublent l'âme et le cœur de celui qui n'en a jamais vu, au fil des jours, pourtant, on s'habitue.

Cependant, je ne suis encore nullement habituée à l'idée de tomber sur un cadavre humain, et j'avance avec précaution vers la bergerie, espérant découvrir, à défaut de squelette, une chevêche d'Athéna perchée sur un caillou, son plumage beige de petite chouette la rendant presque invisible dans le désert. Ou bien quelques chauves-souris brunes, bien serrées les unes contre les autres, dissimulées dans l'anfractuosité ombreuse d'un mur.

En réalité, rien de tout cela ne m'attend. Il n'y a pas âme qui vive, mais la bergerie n'est pas si abandonnée : sa porte est fermée par deux cadenas rouillés ! Plus loin, un mur d'enclos a été construit tout entier en bouse de vache séchée, que le temps et le vent ensablé ont rongée. Année après année, l'érosion dévore des terres, à cause du surpâturage, et le Gobi s'étend. Qui peut bien venir ici ? Pourquoi fermer cette porte à clé ? Quels animaux trouvent de quoi manger dans ces lieux arides où seule une herbe sèche et dure pousse chétivement ? Ou bien tout cela date-t-il d'il y a quelques décennies, vestiges d'une époque où la végétation était peut-être encore un peu verte en ces lieux guère éloignés de Bayan-Ondor ?

Le silence n'apporte aucune réponse, et je continue mon exploration sans trouver d'indices. Aux portes du désert, je ne sais pas encore que cette bergerie sera la dernière trace d'activité pastorale que je verrai avant des jours.

Le soleil de plus en plus bas, boule de feu embrasant l'horizon, me signale qu'il faut rentrer avant que les ombres grandissantes ne transforment trop le paysage, et que je perde mon chemin. Les khuushuur fumant sont peut-être déjà prêts, et avant que je ne quitte le camp, Zoulaa préparait une salade de fines lames de betterave mélangées à de la pomme râpée, le tout lié par une sauce au yaourt. Mon estomac, toujours prêt à anticiper les moments de bonheur que la vie lui procure, tiraille joyeusement à cette évocation : vite, il ne faut pas faire attendre les cuisinières.

Je m'éloigne donc de la bergerie en escaladant un rocher jaune et friable quand, tout à coup, tombe du ciel un bruissement de plumes douces qui souffle sur mon visage. D'instinct, je recule vivement la tête et me trouve nez à nez avec un petit oiseau gris-beige, en vol stationnaire, face à moi, qui me regarde de ses petits yeux noirs finement cerclés de blanc. Le téméraire me toise et ne s'en va pas. C'est un jeune traquet du désert. Il volète devant moi, m'observe. Suivant l'intrépide, deux autres jeunes oiseaux arrivent spontanément, curieux, et battent leurs petites ailes frémissantes à hauteur de ma tête : toute la famille de traquets me fait la fête. Ces très jeunes volatiles ne doivent pas savoir voler depuis bien longtemps !

Cela fait bien des années que je côtoie de près les oiseaux, pourtant c'est la première fois que des petits passereaux viennent ainsi me tourner autour. En général, ils prennent soin de fuir en piaillant dès qu'on les approche de trop près. Mais je suis un objet d'intense curiosité pour ces traquets, et c'est alors que je comprends : je suis le premier être humain que voient ces oiseaux d'à peine quelques semaines, dans ce désert inhabité. Mieux que cela, ces traquets n'ont probablement vu aucun humain depuis plusieurs générations... Ils sont donc totalement dépourvus de méfiance envers l'homme, ce dernier étant absent de leur existence. Voilà le genre de relations que nous pourrions tisser avec les animaux sauvages, si nous ne passions pas notre temps à les pourchasser et à les effrayer !

Truyuy-trururu
Truyuy-trururu

Bien sûr, c'est le chant du mâle de traquet du désert que j'entends depuis tout à l'heure. À bien y réfléchir, cela n'aurait, de toute façon, pas pu être autre chose. Ce trille secret et confiant, qui retentit dans le Gobi, que promet-il ? Qu'est-ce qui nous attend, plus loin, quand nos camions reprendront la route, derrière ces plaines de pierres ?

Quant aux jeunes oiseaux, naïfs et extrêmement intrigués, ils continuent, sans éprouver la moindre peur, de venir tout près regarder ce bipède étrange qu'ils n'ont encore jamais croisé. Que pensent-ils de moi ? Est-ce que je leur plais ? Contrairement à eux, je suis complètement inadaptée à la vie dans le désert – livrée à moi-même, je mourrais ici en quelques jours. Et eux ? Comment survivent-ils ? En buvant des gouttes de rosée, en chassant les insectes des sables ? Ces petits passereaux graciles sont l'un des seuls oiseaux – et l'un des rares animaux – capables de vivre dans ce désert immense et extrêmement aride. Le Gobi leur appartient. Et je sais déjà que je n'entendrai aucun autre chant, dans les jours à venir, que la mélodie flûtée du traquet résonnant profondément dans le silence.

Truyuy-trururu
Truyuy-trururu

Car ce n'est pas pour chercher des oiseaux que nous avons traversé la moitié du monde, la moitié de la Mongolie et la moitié du désert de Gobi. Si nous sommes là, c'est pour un ours.

Chapitre 2

Six Mongols

Depuis notre arrêt à Bayan-Ondor, notre équipe est désormais au complet. Lorsque nous avons repris la route, en fin de matinée, après avoir chargé le dernier membre et les dernières fournitures de l'expédition, j'ai eu le sentiment que nous abandonnions aussi notre dernière chance de faire marche arrière, bande de voyageurs effrontés en partance pour des milieux arides. Nous, si habitués à nos douillettes maisons occidentales, à notre succulente nourriture de Français gourmands, à nos salles de bains dispendieuses d'eau et de parfum, à nos lits moelleux et frais, à nos villes bruyantes et à nos campagnes pleines de vie. Pour quelques jours, notre destin va dépendre entièrement, aveuglément, témérairement, de la sagacité et du sens de l'orientation de deux hommes seulement : Terbish Khayankhayrvaa, que nous connaissons depuis plusieurs années, et Nyambayar Yanjin, que nous venons tout juste de rencontrer. Que l'un de ces deux Mongols ait un ennui, et notre petite expédition pourrait rapidement tourner au tragique.

Car Bayan-Ondor n'a pas pour unique avantage de posséder une station essence. Si nous sommes venus jusque-là, c'est parce que c'est dans cette ville que nous devions récupérer Nyambayar Yanjin, un Mongol d'une trentaine d'années, mutique, observateur, les pommettes très hautes, le nez aquilin – narines larges et bien dessinées –, la bouche très charnue, avec une lèvre supérieure épaisse et proéminente, la peau caramel doré, les yeux fendus comme deux croissants de lune aux pointes tournées en bas, les cheveux noirs, drus, simplement rasés ras, accentuant par leur repousse hérissée la forme de boule de sa tête. Et comme beaucoup de Mongols, le corps plutôt grand, le torse développé, musculeux, dégageant une énergie dense et volontaire, inflexible. Le genre de beau gaillard qu'on aurait préféré ne pas rencontrer du temps de Gengis Khan, muni d'un sabre, galopant sur un petit cheval déchaîné. Nyambayar est habillé à l'occidentale, casquette bleu clair, polo de la même couleur, veste polaire, pantalon à poches, chaussures de marche. Son look est celui de tous les naturalistes du monde : pratique pour se mouvoir rapidement et discrètement sur le terrain, à la recherche des animaux sauvages.

Car Nyambayar, le sixième Mongol à rejoindre l'expédition, est, comme la plupart des membres du voyage, naturaliste. Ce garde de la réserve du Grand Gobi A travaille à la protection de la faune locale et il n'est pas question de nous aventurer sans lui dans la partie la plus reculée et la plus difficile du désert de Gobi. Surtout pour ce que nous avons à y chercher.

Le second homme sur les épaules duquel repose le succès du voyage, Terbish Khayankhayrvaa, notre chef d'expédition, est lui aussi un enfant du Gobi. C'est en riant qu'il nous a annoncé, quand nous avons quitté Bayan-Ondor, que nous ne reverrions pas la « civilisation » (c'est-à-dire la prochaine yourte) avant plusieurs jours. Ce professeur à l'université d'Oulan-Bator, herpétologue, spécialiste des reptiles et des amphibiens mongols, est dans sa branche un expert incontournable. Il passe des heures, près des grands lacs, à traquer les petits batraciens dans les hautes herbes, plié en deux, accroupi, trottinant sans répit après la moindre grenouille. Plusieurs fois par an, il est pris d'un besoin viscéral de fuir la ville et organise des expéditions naturalistes à travers la Mongolie, ce qui lui permet, en plus d'arrondir son salaire de professeur réputé, de se rendre sur le terrain afin d'observer de fascinantes espèces de lézards ou de crapauds.

Sa physionomie globale n'est pas si éloignée de celle de Nyambayar, si ce n'est que son nez est beaucoup plus rond, ses cheveux plus longs, ébouriffés et illuminés de gris, et sa peau burinée par le temps et le soleil des plaines. Terbish a une soixantaine d'années, mais arbore le même port altier que Nyambayar. Dans la posture des hommes de la steppe, quelque chose reste indompté : les Mongols savent, au plus profond d'eux, qu'il y eut un temps où leur empire gouvernait le monde. Mais Terbish est aussi facilement espiègle, rieur et volubile que Nyambayar est taiseux, et il raconte volontiers, dans un anglais au fort accent mongol, où les *f* se muent en *p*, *food* devenant *pood*, *friend* devenant *priend*, ses innombrables et captivantes péripéties.

Nous avons connu Terbish lors d'un précédent voyage qui nous mena, de lac en lac, à la recherche des oiseaux de la Mongolie centrale. Il est marié à une professeure de yoga, qui, comme toute femme de naturaliste, est sans doute soulagée quand elle le voit filer chercher ses grenouilles quelques jours durant, plutôt que de rester coincé dans son appartement d'Oulan-Bator à pester après la pollution et la foule. Cet universitaire a eu une vie pleine de rebondissements. Jeune homme, il a étudié en Russie, vécu à Moscou puis en Europe, et par trois fois il a fait le trajet Allemagne-Mongolie en voiture, soit une bonne douzaine de jours de route et d'embûches, ce qui me laisse rêver à quelque histoire de cœur tenue secrète.

Surtout, partout en Mongolie, d'est en ouest, du nord au sud, dans l'immensité de ce pays, Terbish connaît quelqu'un. Il a toujours, ici ou là, dans les lieux les plus incertains, un de ses anciens étudiants, un collègue, l'ami d'un ami, un cousin lointain, ou une tante de sa femme. Pour l'Occidental replié sur lui-même, solitaire dans son continent surpeuplé, l'intensité des liens sociaux qui animent la steppe sauvage est un sujet d'étonnement constant. Dans ces étendues sans fin, il semble que tout le monde se connaisse, et que tous soient au courant de tout. N'imaginez pas passer inaperçu en voyageant dans ces steppes vides d'humains, car si vous ne voyez pas toujours les nomades, vous pouvez être sûrs qu'eux vous observent.

Après avoir quitté Bayan-Ondor, la petite équipe se constitue donc désormais de six Mongols : Terbish, Nyambayar, Tsevgee et Zoulaa, mais aussi, tout aussi essentiels, les deux chauffeurs-mécaniciens des camions russes, Myangaa et Galaa.

Myangaa, à peu près vingt-trois ans, a à dire vrai plus à voir avec un lutteur mongol, vigoureux, épais, monolithique, au mental excluant toute forme de négociation ou de plaisanterie, qu'avec un intrépide chauffeur de camion. C'est que Terbish, prudent, aime toujours emmener une armoire à glace impressionnante lors de ses expéditions. Il ne part jamais sans un lutteur – et qui connaît la lutte mongole et la carrure féroce de ses pratiquants comprend sans tarder l'intérêt de posséder l'un de ces spécimens avec soi lors de voyages dans des contrées sauvages qui ne sont pas toujours sans danger. Cependant, ne faites jamais l'erreur de devenir trop copain avec un lutteur mongol, car il peut très vite n'avoir de cesse de vous proposer, en signe sincère d'amitié, de lutter avec vous – ce qui signifie vous écrabouiller soudainement et d'un seul coup, en rigolant.

De fait, notre chauffeur-lutteur remplit son rôle à merveille, crachant à longueur de journée en jetant des coups d'œil de côté, ombrageux à l'idée que nous salissions son camion, qu'il ne tolère que rutilant. Il pâlit de fureur à la vue de nos chaussures de marche crottées et passe près d'une heure, chaque soir, muni d'une petite brosse, à l'épousseter consciencieusement, l'air sombre, ruminant sûrement des vengeances brutales que seul son dévouement à Terbish l'empêche de mettre à exécution. Il nous a fallu un certain temps pour apprendre que derrière ce conducteur bourru se cache en fait un étudiant de Terbish, en troisième année de fac.

Quant à Galaa – Galbadrakh de son véritable nom –, homme d'une soixantaine d'années aux épais cheveux noir de jais (la calvitie ne semble pas exister chez les Mongols, et le grisonnement y est tardif), il est aussi jovial que Myangaa est renfrogné. Sa mission est de conduire le camion de maintenance, flanqué des deux cuisinières, dont l'une, Zoulaa, est sa propre fille. Il a plus un physique d'archer ou de cavalier que de lutteur, mais son corps mince et délié n'en est pas moins vif, musculeux et souple, et il vaudrait mieux ne pas avoir non plus à en découdre avec lui ! À son poignet, il porte un bracelet de cuivre qui brille sur sa peau dorée, à son annulaire, une bague tête de mort. Comme tous les Mongols de notre équipe, il fait beaucoup plus jeune que son âge. Prudent, réfléchi, astucieux, Galaa passe l'essentiel de son temps libre à bricoler sous son camion, activité qui peut être perçue de façon plus ou moins rassurante. Du fait de ses qualités de mécanicien, Terbish se passe rarement de lui, quand il s'agit de s'aventurer sur les pistes tortueuses et reculées.

L'équipe mongole ainsi constituée, nous prenons la route pour la plaine au sud d'Amar-Buyant, où nous devons dresser le camp.

Chapitre 3

D'un ours à l'autre

Le campement jette ses ombres crépusculaires, le soleil disparaissant derrière moi, laissant naître les premières étoiles, quand Philippe, tout en cherchant une lampe torche dans son sac, m'aperçoit et me fait signe de me presser : « On s'apprête à passer à table. T'étais où ? »

J'ouvre la bouche, prête à évoquer mon curieux moment avec les jeunes traquets du désert, puis je me tais. J'ai longtemps fait partie des gens du silence, ceux dont la parole s'arrête au mur infranchissable des lèvres, et c'est encore bien souvent le cas. Pourquoi raconter les ensorcellements intimes d'une flânerie solitaire à quelqu'un pressé d'aller se gaver de khuushuur huileux ? Je connais quelques personnes que le silence garde. Elles ne sont pas nombreuses. Les gens aiment parler. Tous les Français de l'équipe aiment parler. Et les Mongols aussi : Terbish bavarde volontiers, Galaa et Myangaa rient le soir ensemble, tandis que Zoulaa et Tsevgee se chuchotent une foule de choses secrètes de leur voix douce et grave, assises dans le camion de maintenance ou sous la tente de cuisine. Seul Nyambayar parle peu, comme si sa vie dans le Gobi avait rendu superflu le flot des paroles. Sa réserve m'a d'emblée paru rassurante.

J'aime les hommes silencieux, ceux dont les émotions troublent furtivement le visage, comme quelque carpe souterraine l'eau d'un lac, alors qu'ils essaient de n'en rien laisser paraître. Je les comprends. Il n'est pas si facile de jeter en pâture ses émotions, ses sentiments, et je sais les chemins d'enfance qu'ils ont empruntés pour en arriver là. Je sais les chagrins enfouis qui façonnent ces âmes trop souvent muettes, ces épreuves du jeune âge qui éteignent les mots. Je sais aussi cette parole qui affleure, prête à éclore, et qui s'éteint avant même d'être prononcée, laissant un arrière-goût confus de frustration, d'inachevé, de défaillance. J'aime les dialogues de taiseux, quand, tout étonnés d'être écoutés vraiment, par quelqu'un qui leur ressemble, ils se trouvent gênés de pouvoir se livrer un peu, d'y être véritablement *autorisés*. Eux si habitués à laisser les autres envahir sans scrupule et sans respect tout l'espace de la parole et discourir avec une passion volubile et sans la moindre gêne sur les détails les plus triviaux de leur existence. J'aime ces discussions tâtonnantes, soucieuses, mêlées de silences, d'hésitations, de politesses, de « Pardon, je t'ai coupé, vas-y – Non, vas-y – Non, toi ». Elles sont profondément reposantes, mais rares. Les humains sont d'indécrottables moulins à paroles. Ils ne sont d'ailleurs pas les seuls !

Parmi tous les animaux du globe, mon amour le plus pur va aux chevaux, ces grands silencieux. Comme les Mongols, je vénère ces êtres miraculeux. Comme Nyambayar, ils usent rarement de leurs cordes vocales. Mais quand ils le font, tout leur corps vibre, intensément. Seul le cavalier peut connaître cette sensation d'être pris en otage, assis et amarré sur un cheval qui hennit ; seul lui éprouve la puissance vibratoire de ce cri qui remonte dans les jambes et fait trembler non seulement le corps du cheval, mais aussi celui de l'humain qui le monte, ce dernier devenant hennissement jusqu'à la racine des cheveux. Si les chevaux étaient bavards, il y a bien longtemps que nous ne les monterions plus. Leur expression est un tremblement de terre, trop intense, trop vibrant pour être impunément gaspillé. Aussi, la plupart du temps, le cheval se tait.

J'ai vu dans les steppes mongoles plus de chevaux en quelques jours qu'en toute une vie de cavalière. J'ai vu des troupeaux de quatre cents têtes faire tressaillir la steppe, soulevant la poussière, pour se rendre à un point d'eau. Je les ai vus se rafraîchir dans des lacs pour calmer un peu la brûlure du soleil de ce pays sans ombre, dans les grandes steppes dépourvues d'arbres. Leur seul bruit était celui des centaines de sabots frappant le sol. Si quatre cents chevaux s'unissaient pour hennir ensemble, leur puissance sans égale nous mettrait à genoux.

Nyambayar est ainsi un homme-cheval, discrètement puissant, le plus souvent silencieux, à écouter le moindre souffle de vent, la narine frissonnante, scrutant l'horizon de son regard attentif. Il y a quelque chose d'animal en lui et de toujours aux aguets. Il sait lire le désert avec des sens aigus de nomade, et c'est cet homme taciturne dont nous avons besoin pour trouver un ours.

« Tu n'as rien à raconter ? insiste Philippe.

– Rien de spécial, non. »

Je l'accompagne dans la grande tente bleue dressée pour les repas.

« J'ai juste vu quelques traquets. »

Toute cette histoire a en réalité commencé sur le chemin menant à l'étang du Bignac, le long de la rivière d'Étel, huit mois plus tôt. Philippe et moi habitons le littoral morbihannais depuis quelques années déjà, pour la simple raison que les dunes, les rivages et les étangs de cette côte sud de la Bretagne sont encore des milieux relativement fréquentés par les oiseaux – bien que les activités humaines fassent reculer année après année l'avifaune armoricaine.

Je venais de m'asseoir sur le rustique petit banc de

bois bleu, dont la peinture s'écaille et se marbre de grandes taches vertes. Il surplombe le bras de la rivière d'Étel qui rampe vers le moulin et le pont du Sac'h, étendue moirée où flottent toujours nonchalamment quelques mouettes assoupies. Je sentais bien, au fond de moi, que me promener au bord de l'eau et m'asseoir sur un banc réveillait de vagues relents, un peu honteux, de romantisme, et je trouvais les circonstances tout à fait appropriées pour un baiser ou un mot doux, sous la chaleur d'une main virile caressant mes cheveux blonds. Mais la réalité se plie rarement à nos attentes.

« Il n'y a jamais d'oiseaux, ici », bougonna Philippe dans mon dos, d'une voix désabusée.

Je ressentis un picotement de dépit en regardant à la dérobée mon compagnon, ses petits yeux bleu sombre, vifs, en perpétuel mouvement, son visage expressif, mâchoire carrée, bouche se tordant d'ennui sur le côté, crâne et visage rasés de près, à l'exception de larges pattes grises, corps souple au point d'être laxe, et pourtant bondissant, perpétuellement monté sur ressorts, tempérament extraverti et remuant, impatient. J'eus envie de lui dire, par pures représailles de cette secrète déconvenue, qu'il ressemblait à un gamin agité et bruyant, mais je me retins. La vie de couple consiste sans doute à ajuster le mieux possible, pour le rendre un peu moins béant, un décalage quasi constant des sentiments et des émotions.

« Il y a deux aigrettes garzettes, un héron, une dizaine de mouettes, un ou deux goélands, répliquai-je en soupirant. Ce n'est pas rien.

– Mouais..., marmonna-t-il d'un air entendu, c'est vide. »

Sans le regarder, je le sentais trépignant de rage de me voir ainsi vissée à ce banc, irrité à l'idée de rester à m'attendre, fomentant déjà un prétexte pour me faire décoller de là. Il m'avait accordé le plaisir de cette balade – il faut parfois consentir à quelques petits compromis ennuyeux. Mais, bien que prenant sur lui pour contenir son empressement, il me faisait sentir par tous ces gestes crispés et forcés la perte de temps que représentait pour lui chaque seconde de notre promenade.

Il faut dire que pour cet ornithologue réputé, spécialiste des goélands et des bergeronnettes, capable d'identifier les espèces les plus rares et de reconnaître plus d'un bon millier de chants et de cris, passant ses soirées à lire d'obscures revues ornithologiques – *British Bird*, *Ornithos*, *Dutch Birding*, *Alauda* –, toute activité sans rapport avec les oiseaux est bien souvent considérée comme une perte de temps.

Je le savais parfaitement, et, à cet instant, cela m'exaspérait. Toujours derrière moi, je l'entendais manipuler ses jumelles avec un agacement contenu.

Pour gagner un peu de temps, je demandai :

« Tu as une idée de destination, pour notre prochain voyage ? »

Je sentis alors comme un changement de vibration dans l'air. Comme si une énergie se déployait soudain derrière moi, comme si le ciel s'ouvrait.

« Ah ! s'exclama Philippe dont le visage, au mot “voyage”, s'illumina instantanément d'un large sourire, les yeux soudain pétillants, c'est amusant que tu me poses la question, car je comptais justement t'en parler ! »

Il s'avança vers moi et, chose que je n'espérais plus, il s'assit sur le banc à mes côtés, grattant machinalement un bout de peinture bleue qui s'écaillait.

« Tu connais l'ours brun », me dit-il au bout de quelques instants, d'un ton prudent, le regard dans le vague.

J'acquiesçai :

« Nous en avons vu une douzaine en Roumanie, aux alentours de Sinaia. Tu veux retourner en Roumanie ?

– Absolument pas. Tu te souviens, lors de notre dernier voyage en Mongolie, quand j'ai proposé à Terbish de nous rendre dans le désert de Gobi ? Je crois que c'était le soir où nous sommes allés voir les chevaux de Przewalski, à Hustaï.

– Oui, il était très excité par l'idée. Il y a des oiseaux dans le Gobi ?

– Pas vraiment, non…

– Pas d'oiseaux ? Aussi vide d'oiseaux que ce bras de la rivière d'Étel ? dis-je en riant.

– Pire ! Bien pire !

– Mais alors, pourquoi ? »

Il prit un air mystérieux, s'amusant de ma curiosité. Il n'était plus du tout pressé de rentrer.

« Qu'est-ce que tu veux aller faire dans le Gobi ? » Je n'étais, d'un coup, plus très sûre d'avoir fait le bon choix en lançant la conversation sur les voyages.

Il reposa ses jumelles, et sourit.

« Le désert de Gobi m'a toujours fait rêver, commença Philippe. Tu te rends compte qu'il fait 1 300 000 kilomètres carrés de superficie ? Enfant, je regardais des images dans les livres, et ma mère m'avait emmené voir un film, dans un cycle de *Connaissance du monde*. J'ai toujours voulu me rendre là-bas.

– Même s'il n'y a que très peu d'oiseaux ?

– Oui… C'est un endroit tellement reculé, si aride… Le plus grand désert du monde…

– Il y a quelque chose que tu me caches », dis-je d'un air soupçonneux.

Il rit. Que cet ornithologue ayant voyagé dans plus de soixante-dix pays, à la recherche des oiseaux les plus fous, sur tous les continents, traversant les océans, prenant des tas de risques juste pour apercevoir un bec ou un croupion, que Philippe, donc, puisse vouloir sillonner une contrée pleine de cailloux, au bout du monde, pour la seule beauté de paysages pierreux, tout cela me semblait peu plausible.

« Il y a une oasis, dans le désert », ajouta-t-il.

Je commençais à comprendre…

« C'est l'oasis de Sharl Khuls. Il y pousse des peupliers extrêmement rares, des peupliers du désert : *Populus euphraticus*.

– Une oasis ? Mais je te vois mal faire un tel voyage seulement pour un peuplier… Nous n'avons encore jamais parcouru le monde pour des raisons botaniques !

– En effet. Dans cette oasis, il y a aussi… une fauvette.

– Ah, voilà !

– Une petite fauvette de type babillarde, dont on ne sait pas grand-chose… et j'aimerais bien aller l'enregistrer.

– Nous traverserions donc le désert de Gobi pour une fauvette ?

– Pas seulement. Dans une autre partie du Gobi, il y a aussi la bergeronnette printanière *leucocephala*, dont on ne sait pratiquement rien. *Leucocephala*, cela signifie qu'elle a la tête blanche.

– Je vois…

– En fait, j'aimerais faire un petit point ornithologique sur les espèces présentes dans le Gobi A et B, car tout cela est très peu connu.

– Gobi A ? B ?

– Oui, c'est le nom que l'on donne à ces zones géographiques immenses. Le Gobi B est moins hostile, c'est là que j'espère voir l'antilope saïga, une espèce très rare qui me fascine. Il y a aussi des chevaux de Przewalski, ça devrait te plaire ! Puis nous y reverrons des vols de syrrhaptes paradoxaux, avec leurs plumes dorées, toi qui les aimes tant… Mais le Gobi A, en revanche, est vraiment très, très, très désert… Et Sharl Khuls est dans le Gobi A.

– Bien, bien… Et à part cette fauvette et ces peupliers, on trouve quoi d'autre, dans ce Gobi A ?

– Il y a du chameau sauvage, très rare, pas facile à voir. Mais surtout…

– Surtout quoi ?

– Il y a un ours.

– Un ours ? Dans le désert !

– Un ours.

– C'est pour ça que tu me parlais des ours de Roumanie ?

– Oui. C'est un ours brun, comme eux. Une sous-espèce d'ours brun, pour être précis. C'est l'ours le plus rare du monde, il n'en reste plus qu'une quarantaine.

– Ouh, là, tu commences à me faire rêver ! J'adore chercher les mammifères !

– Oui, enfin, pour l'ours, c'est plutôt l'idée de sa présence qui va nous accompagner, parce que, en fait, nous n'avons aucune chance d'en voir.

– Pourquoi ? Si nous cherchons bien ? Nous les avons trouvés en Roumanie !

– J'en ai discuté par mail avec Terbish la semaine dernière…

– Avec Terbish ! Ah, d'accord, vous êtes en train d'organiser le voyage, j'étais la seule à ne pas être au courant ! Tu comptais m'en parler quand ?

– Eh bien, tu vois, je t'en parle… Terbish m'a dit que l'ours, il ne fallait pas y compter. L'espèce est extrêmement farouche. Certains scientifiques travaillent dessus depuis une dizaine d'années sans l'avoir jamais observé ! Il est rarissime. C'est un animal mythique pour les Mongols. Ils l'appellent *Mazaalai.* »

Le soleil avait percé un nuage, et ses rayons frappaient l'eau d'éclats brillants. Philippe n'avait plus du tout l'impression de perdre son temps, assis sur le banc bleu, devant cette étendue soudain irisée, et les goélands qui passaient dans le ciel sombre se paraient à présent d'une aura surnaturelle.

« Dans le Gobi B, il y a aussi une mouette, ajouta Philippe, songeur. Une mouette incroyablement rare, une légende pour les ornithologues… C'est la mouette relique – *Larus relictus*. L'espèce a été découverte récemment, il n'en existe que quelques milliers dans le monde. Deux colonies sont présentes en Mongolie. J'aimerais la voir. »

Devant nous, ce n'était déjà plus la rivière d'Étel.

Dans nos yeux enflammés s'étendaient soudain les steppes lumineuses de l'Asie centrale où galopent des chevaux dorés, où pâturent des troupeaux de chèvres de toutes les couleurs, où s'élèvent, quelquefois, les yourtes blanches des nomades. Dans nos yeux enflammés, le généreux sourire de Terbish était revenu, et sa façon de rire irrésistiblement communicative. Ainsi, nous allions revoir notre ami mongol, avec sa gentillesse, sa bienveillance, sa façon de trouver des solutions à tous les problèmes, son regard intelligent et doux. Nous allions boire avec lui des thés au lait salé, et grignoter du fromage dur de yak.

Philippe ne m'embrassa pas, il ne passa pas sa main dans mes cheveux, mais il fit mieux : il fit lever le vent léger de l'aventure, qui souffla sur mon cœur.

C'est ainsi que, pour gagner quelques minutes d'une promenade ordinaire, sur un banc froid de la rivière d'Étel, je me suis engagée à partir pour le désert de Gobi, à la recherche d'une mouette, d'une fauvette et d'un ours.

Chapitre 4

Le soleil des loups

La soirée a été pleine de rires, et le vent s'est levé, polissant les pierres douces et lisses qui n'ont pas bougé depuis des millénaires – galets brillants d'un étrange lac dépouillé d'eau. J'ai le sentiment que toute ma vie je reviendrai dans ce pays qui n'en finit pas de me surprendre.

Le Gobi est un désert de pierres. Même si de hautes dunes surgissent parfois ici et là, ses paysages ne ressemblent en rien au Sahara ni à l'image que l'on se fait des étendues désertiques. Le Gobi, dans ses zones les plus arides et minérales, évoque le sol de Mars, ou de la Lune.

Cette dernière s'est levée dans le silence, doucement, éclatant globe blanc à l'horizon : sous cette lumière crayeuse, le désert est devenu bleu. Les hivers doivent être bien froids, sur ces étendues de pierres polies. Mais nous sommes à la fin du mois de juin, et l'air est doux.

« *Tsa tsa tsa.*

– *Ail kher khol ve ?*
– *En tchoukhal bish.*
– *Bi sonirkhoj bain. Kholou ?*
– *Khol !* »

À quelques pas, Tsevgee et Zoulaa discutent à voix basse, encore à leurs affaires. Le mongol est une langue de cavaliers, pleine de galops, de petits trots, de tintements de langue et de tendresses apaisantes, une langue pour parler aux chevaux, les encourager, les tranquilliser.

Durant le dîner, Philippe a osé demander, candidement, à Terbish s'il savait monter à cheval. Je me suis retenue de rire en saisissant le regard soudainement dubitatif et méfiant de notre ami.

« Évidemment que je sais monter à cheval ! Tous les Mongols savent monter à cheval ! À part peut-être quelques dégénérés des villes… », a répondu notre chef d'expédition avec stupéfaction, dans son anglais aux sonorités roulantes, et qui semblait dire : mais pour qui me prend-il ?

« Enfin, ai-je chuchoté à Philippe, bien sûr qu'il sait monter à cheval ! C'est le plus grand peuple cavalier de la Terre. Il y a ici autant de chevaux que d'habitants ! Des statues sont érigées à la gloire des chevaux dans toutes les villes… C'est leur quotidien, ils galopent dans la steppe toute leur enfance, c'est comme s'il te demandait si tu sais faire de la bicyclette.

– Oui, mais lui, il vit en ville… Ma question n'est pas si idiote.

– Vu sa tête, je crois que si !

– Et je suis même un excellent cavalier », a tenu à préciser Terbish en insistant bien sur « excellent », le regard oscillant entre la vexation et l'incrédulité que quelqu'un puisse émettre l'idée qu'il ne serait pas cavalier. « Enfant, j'ai même participé au Naadam, la grande course d'endurance à cheval des Mongols. »

Nous nous sommes alors extasiés : le Naadam, fête nationale mongole rassemblant courses, lutte et tir à l'arc, voit s'affronter les meilleurs chevaux du pays, montés par des enfants, sur des distances allant parfois jusqu'à vingt-six kilomètres ! À l'arrivée, les Mongols n'honorent jamais le cavalier. Le gagnant est toujours le cheval. Terbish devait être un petit Mongol très coriace, pour participer si jeune à une telle épreuve !

Rasséréné par notre réelle admiration, il a proposé à Philippe de l'emmener voir, un jour, quelques oiseaux rares dans des coins de l'Altaï seulement accessibles à cheval.

« Ouh là là, non ! a répondu Philippe en écarquillant les yeux et en enfournant sa dernière raviole à la viande, les lèvres pleines d'huile. Je ne sais pas monter à cheval, moi. »

Terbish, grand seigneur, a fait mine de ne pas relever cet aveu de faiblesse presque inconvenant – ne pas savoir monter à cheval ! – et s'est rengorgé dans son siège, les yeux plissés, nous toisant avec une souveraineté magnanime de lion repu. Au bout de quelques instants, un éclair fou a glissé sur son œil. Il a plongé et disparu une seconde sous la table, et s'est relevé triomphant, brandissant une bouteille à l'étiquette dorée et au liquide transparent, éclatant d'un rire dément en s'écriant : « VODKA ! »

Hélas, l'alcool cristallin, dont la tablée liguée contre moi m'a forcée à boire un fond de verre brûlant comme du feu pour faire honneur à notre hôte, ne suffit pas à me faire oublier mes trapèzes endoloris. Pour l'heure, le très fin matelas d'environ trois centimètres d'épaisseur sur lequel repose mon dos ne me protège nullement du sol dur du désert. Si les Mongols mettent un point d'honneur à bien nous faire manger, ils n'ont sans doute pas la moindre conscience de la tendreté de nos dos d'Occidentaux douillets. De plus, sans doute influencée par un inconscient collectif superstitieux, ou simplement à cause de la luminosité, j'ai toujours eu du mal à m'endormir les nuits de pleine lune. Nous appelons cette dernière *heol ar bleiz* en breton, « soleil des loups ». Mais il est peu probable de rencontrer beaucoup de loups ce soir dans le Gobi A, par manque de proies, quoique ce mammifère, légendaire pour les naturalistes, soit de fait présent un peu plus loin, dans les vastes steppes et les quelques forêts de Mongolie.

Dans ma vie de naturaliste, j'ai vu deux fois des

loups. La première, dans la vallée de Dana, en Jordanie, où l'espèce est bien connue. Sur un chemin abrupt, j'étais tombée nez à nez avec un jeune loup, qui, à ma vue, s'était enfui. La seconde – une meute complète, parents et louveteaux –, à la Sierra de la Culebra, en Espagne.

« *Tchonne bi yu ?* » ai-je demandé à Terbish en mongol, tout à l'heure, le faisant éclater de rire à cause de mon accent.

« *No. No wolves in this area* », m'a répondu mon ami.

À côté de moi, dans la tente, j'entends le souffle régulier de Philippe. Il s'est endormi. À quelques mètres sur la gauche, dans la tente voisine, un ronflement léger et content s'élève : Pierre Cabard, ornithologue notoire, auteur de la très fameuse *Étymologie des noms d'oiseaux*, et aussi expert du castor d'Europe, digère, bienheureux, ses khuushuur, le duvet remonté jusqu'aux oreilles sur sa courte barbe argentée, les cheveux de la même couleur, encore un peu plus ébouriffés par la nuit, les paupières voluptueusement fermées sur ses yeux rieurs.

À droite, un autre ronflement, plus musical, lui répond : la vodka a également envoyé Terbish au pays des songes, et il faudra que je lui demande, demain, comment on dit « scier des bûches », en mongol. Le pays n'étant guère forestier, l'expression locale doit sans doute être davantage en rapport avec des empilements de bouses de yak ou de fromage séché.

Toute à ces réflexions linguistiques, je réalise soudain que l'équipe, constituée de six Mongols et de cinq Français, compte pas moins de quatre écrivains naturalistes : Philippe, et ses innombrables livres sur les oiseaux et le réchauffement climatique ; Terbish, et son guide des grenouilles mongoles ; Pierre, qui a aussi publié une *Étymologie des noms de mammifères*, et moi et mes livres sur les chevaux, les oiseaux, les loups. Il est bien rare, dans la vie ordinaire, de se retrouver durablement entre auteurs – sauf à l'occasion de quelques salons littéraires, où nous dédicaçons nos ouvrages en regardant avec désespoir les fans s'amasser en essaim bourdonnant autour du stand d'une star du showbiz, avides de découvrir les révélations égrillardes de son autobiographie. Sans doute est-ce la raison pour laquelle, depuis le début du voyage, jeux de mots, calembours et citations fusent dans le camion russe, dans une ambiance crépitante, malgré les soubresauts harassants de la route. Pierre, notamment, ne cesse de se repaître de bonnes sentences, les lèvres rondes de gourmandise polissonne.

Ce n'est pas la première fois que Pierre Cabard – que nous surnommons le Sénateur, car il s'amuse parfois à prendre un air docte et pénétré, doublé d'un maintien plénipotentiaire – nous accompagne au bout de la Terre. Avec lui, nous avons vogué sur un ferry dans le golfe de Gascogne à la recherche des oiseaux pélagiques et des baleines. Avec lui, nous sommes partis pister le jaguar dans la jungle étouffante du Pantanal. Nous l'avons donc déjà vu – comme il nous a déjà vus – dans de bien mauvaises postures, pris de mal de mer, ou dégoulinant de sueur, les cheveux plaqués par l'humidité tropicale, le visage recouvert de poussière et d'égratignures en tout genre, et, bien avant les khuushuur de ce soir, nous avons partagé avec lui des soupes de piranhas et autres mets dégoûtants. Le tempérament aussi jovial qu'inquiet de Pierre Cabard n'aurait pas dû le pousser aux voyages, mais à rester tranquillement déguster de gras et tendres rillons au vouvray sur les bords méandreux de la Loire, dans la Touraine charitable où il vit et où j'ai moi aussi passé mon enfance. Son penchant acharné et obsessionnel pour les oiseaux et les mammifères du monde le place néanmoins régulièrement dans des postures fort inconfortables, très loin de chez lui.

Moins enclins aux joutes verbales, mais tout aussi attirés par la beauté des choses, les deux autres Français de l'équipe sont photographes animaliers, munis d'appareils haut de gamme au téléobjectif impressionnant, destinés à capturer les rares images des espèces les plus furtives du Gobi. Ils portent le même prénom, mais ne se sont jamais rencontrés avant de rejoindre l'expédition : Matthieu Kumlien et Matthieu Thayer.

Le premier est un solide gaillard aux yeux gris-vert, dont le grand sourire charmeur découvre de petites dents légèrement espacées les unes des autres, et qui a à peu près le même rapport à son appareil photo que le cow-boy à son colt.

Le second Matthieu est doté d'une démarche très féline et silencieuse, il occupe l'espace avec une discrétion fluide, comme s'il s'excusait un peu d'être là et de risquer de déranger. Quasi chauve, les cheveux coupés très court, il porte une barbe courte également, grise et parsemée de poils châtains tirant vers le roux. Ses yeux marron, aux paupières un peu tombantes, évoquent les Vierges russes et géorgiennes des églises orthodoxes. Son oreille percée ne porte plus de boucle d'oreille, mais il a dû jouer au marin rebelle, dans sa jeunesse.

À cette heure de la nuit, mes compagnons de voyage semblent endormis. Les rayons de la pleine lune sont si intenses que, sous la tente, j'y vois parfaitement. Lasse d'attendre un sommeil rétif, je m'extrais de mon duvet, enfile des chaussettes et ma paire de chaussures en coinçant inconfortablement les lacets, pour ne pas les nouer, sous la plante de mes pieds. J'ai envie de contempler la nuit. Je dézippe le moins bruyamment possible la fermeture éclair de la tente. Celle de Zoulaa et Tsevgee est encore éclairée, halo ambré animé d'ombres chinoises, mais le reste du camp cuve la vodka.

Munie de ma lampe frontale, je me glisse dans la nuit avec précaution. Au-dessus de ma tête, la lune est déjà bien haute, énorme, et malgré sa lueur écrasante, les étoiles irradient le ciel de leur lumière infinie et éternelle. Je frissonne de mystère devant cet accablant rappel de notre insignifiance. La poésie métaphysique de la voûte céleste est trop brutale. Pour fuir ce vertige, je repose vite les yeux sur le désert bleu, qui découpe ses roches à perte de vue sous la clarté lunaire, espérant que son horizon soit un peu moins troublant que le firmament. Je fais quelques pas, sans bruit. Nous ne sommes qu'un petit groupe d'humains, très seuls, dans un paysage fantastiquement minéral, perdus sur une petite planète elle aussi perdue, elle aussi très seule, et je comprends mieux pourquoi c'est dans un désert que Saint-Exupéry a trouvé un Petit Prince tombé d'une étoile. Dans cette immensité solitaire, rien ne peut arriver et tout peut arriver.

Un coup de vent fait claquer les tentes, et j'entends près de moi des bruits de pages qui tournent. Un petit carnet se déplace de quelques mètres, emporté par le souffle d'air et un tourbillon de poussière. Je reconnais immédiatement la couverture bleu et vert, ornée d'une photo de coucou-geai, de ma *Liste des oiseaux du Paléarctique occidental*.

Je m'élance et la bloque du pied gauche, manquant de tomber à la renverse, avant que le vent, se gonflant, ne l'emporte plus loin dans le désert et la nuit. Je tiens à ce petit carnet de trente pages tout écorné comme à la prunelle de mes yeux, il m'a suivie dans des dizaines de pays, bien calé au fond de mon sac photo ou d'une lourde valise. Je l'ai pris avec moi tout à l'heure, pendant le dîner, pour cocher, entre deux plats, les quelques espèces nouvelles que j'ai observées ces derniers jours, et il a dû glisser discrètement de ma poche quand je suis rentrée sous ma tente.

J'allume ma lampe frontale et braque le faisceau lumineux sur la petite liste poudrée de la poussière millénaire du Gobi. Je souffle délicatement pour la faire s'envoler, et j'ouvre une page au hasard.

Océanite de Wilson
Océanite frégate
Océanite à ventre blanc
Océanite tempête
Océanite culblanc
Océanite de Swinhoe
Océanite de Castro

Je ressens une certaine satisfaction à constater que j'ai la coche de quatre espèces sur sept. Je tourne encore un peu les pages.

Fauvette orphée
Fauvette orphéane
Fauvette épervière
Fauvette babillarde
Fauvette de Hume
Fauvette minule

Car ce petit carnet, cette *Liste des oiseaux du Paléarctique occidental*, c'est trente pages de noms d'oiseaux, classés par ordre systématique, avec, en face, des petites cases où tracer une croix – une « coche » en jargon naturaliste – pour permettre aux regardeurs d'oiseaux, les *birdwatchers*, de tenir leur petite comptabilité ornithologique, sorte de collection personnelle.

Les Américains ont la liste du Néarctique, les Européens sont plus adeptes du Paléarctique occidental, la zone géographique qui s'étend du nord du Sahara à l'ouest de l'Oural, englobant toute l'Europe et le Moyen-Orient.

Fou masqué
Fou à pieds rouges
Fou brun
Fou de Bassan
Fou du Cap

Un sourire aux lèvres, je lève le carnet bien haut au-dessus de moi, à bout de bras, et le tiens quelques instants face aux étoiles. Et sous la lune blanche je rapproche de mon visage la *Liste des oiseaux du Paléarctique occidental*, et y dépose un baiser.

Chapitre 5

Plumes d'or dans le ciel

Un effluve de vanille cristallisée me tire voluptueusement du sommeil. J'ouvre vaguement un œil rêveur, quand les nœuds douloureux de ma nuque me rappellent la réalité : je suis allongée sur le matelas le plus fin qu'il m'ait été donné d'expérimenter, à même le sol caillouteux du désert de Gobi. Je me redresse péniblement, surprise de vivement sentir pour la première fois de ma vie chaque vertèbre de ma colonne.

Je suis seule sous la tente, dans l'aube encore sombre – à l'extérieur, des ombres s'agitent. Je passe la main dans mes cheveux et ressens un vague malêtre : ils se tiennent tous seuls dans les airs, agglomérés par la poussière, extrêmement secs et frisés. Pire, je me demande si une entomofaune n'a pas commencé à s'y installer, comme dans la fourrure dense et immobile, où se développent des algues et où vivent des papillons, de ces étranges animaux au métabolisme lent des forêts tropicales d'Amérique du Sud que l'on nomme paresseux. Des nœuds serrés se forment dans mes boucles, qui prennent la tournure de dreadlocks sableuses. Depuis plusieurs jours, nous manquons d'eau et ne pouvons les laver. Tout à coup, une des ombres s'approche brusquement de la tente et la fermeture éclair de l'entrée se dézippe par saccades, avec empressement et mauvaise humeur.

Le visage de Philippe apparaît, puis recule, stupéfait. J'essaie de remettre rapidement de l'ordre dans ma chevelure post-nucléaire et de décoller mes yeux bouffis de sommeil, mais je ne suis pas assez rapide pour masquer l'étendue du désastre :

« Quoi ! s'écrie-t-il, tu te réveilles *seulement* ? Tout le camp est prêt ! Tsevgee sert des crêpes mongoles – un régal ! Galaa et Myangaa sont déjà en train de tout replier ! Dès que le petit-déjeuner est avalé, nous levons le camp. »

Froissée par cette brusque interpellation matinale, je m'extirpe gauchement de mon duvet, mécontente d'être en retard mais surtout de n'être pas assez rapide pour pouvoir goûter aux crêpes. C'est donc d'elles que provient cette délicieuse et chaude odeur de vanille ! Depuis des jours que je mange de la viande matin, midi et soir, en saucisse, chausson, brochettes, ragoût, beignets, et en tout ce que l'on peut imaginer dans ce pays d'éleveurs carnivores, la perspective d'une bienfaisante crêpe sucrée réjouit mon cœur de Bretonne sevrée. Grâce à de petites lingettes apportées de France, j'expédie une toilette succincte – puisqu'il a fallu abandonner l'espoir d'une douche, l'eau, précieuse, étant réservée aux nécessités alimentaires.

Le soleil est en train de se lever sur le Gobi encore engourdi de ténèbres et, haut dans le ciel, des alouettes de Swinhoe chantent, tandis que cinq roselins de Mongolie me filent sous le nez. Je croise Tsevgee qui apporte un énorme thermos de thé salé fumant. Elle me sourit, son visage roussi par le soleil de la steppe.

À la table du petit-déjeuner, mes comparses scrutent mon arrivée d'un œil goguenard, sauf Terbish qui lui aussi, en l'absence prolongée de douche, commence à avoir le cheveu fou. Zoulaa, quant à elle, a caché sa belle crinière noire dans un foulard, et je comprends le besoin des peuples des déserts de porter chapeau ou voile : je me promets d'en nouer un tout à l'heure autour de mes boucles durcies par la poussière. Tandis que je m'assieds, Pierre me fait un clin d'œil en poussant vers moi une assiette débordante de victuailles : « On n'a pas été vaches, on t'a gardé une petite part. »

En guise de crêpes, il s'agit plutôt de sortes de pancakes épais, graisseux et farineux, accompagnés d'une confiture d'abricot chinoise très sucrée, mais ces saveurs connues de capitaliste replet me réconfortent au plus haut point. En terres étrangères, les papilles sont toujours fermement reconnaissantes de retrouver de petites habitudes rassurantes – quand bien même il s'agit de mets à la diététique douteuse que nous refuserions d'ingérer chez nous !

Ragaillardie, j'entame la journée par une question naturaliste de la plus haute importance :

« J'ai emmené ma liste de coches du Paléarctique occidental, dis-je à la cantonade, mais nous ne sommes plus dans le Paléarctique occidental…

– Ça non, me coupe Philippe. Nous sommes dans le Paléarctique, oui, mais dans le Paléarctique *oriental* !

– Mais comment je coche mes espèces alors ? Je n'ai pas envie de commencer une liste du Paléarctique oriental.

– Eh bien, tu les coches dans ta liste du Paléarctique occidental, mais à côté, tu mets entre parenthèses "désert de Gobi". Comme ça, tu te souviendras.

– Et ainsi, ajoute Pierre, ta liste deviendra une liste du Paléarctique tout court. »

Je médite cette réponse, essayant de me remémorer à quoi ressemblent les grandes aires géographiques sur une carte du monde, le cerveau encore un peu embrumé, en me servant une tasse de thé au lait salé – le traditionnel *mongol souté tsai*. Je sens que ma liste, déjà griffonnée d'espèces du Sénégal, du Pantanal et des États-Unis, tous situés en dehors du Paléarctique occidental, est en train de virer au grand n'importe quoi.

« Tu t'en fous, me rassure Philippe, qui observe du coin de l'œil mon air renfrogné. L'important est que tu te souviennes des espèces que tu as vues.

– T'as combien de coches sur ton Paléarctique ? me demande Matthieu Kumlien, la bouche pleine de confiture.

– Un peu plus de 520. Faudrait que je recompte.

– 520, sur environ 10 000 espèces d'oiseaux dans le monde, c'est pas mal. Ça fait un peu plus de 5 % des oiseaux du monde…, calcule Philippe, qui a toujours aimé les chiffres, en déglutissant péniblement son pancake farineux. Mais tu n'as pas noté toutes les espèces que tu as vues dans les zones tropicales !

– Tu en as vu combien, toi ?

– Environ 2 500… soit 25 % !

– Il y a des gens qui les ont tous vus ? demande Matthieu.

– Quelques-uns n'en sont pas loin… Vous imaginez… Ils doivent voyager partout, ne plus avoir de vie…

– Et être riches ! » ajoute Pierre.

Cette perspective d'existences uniquement consacrées à cocher la liste des oiseaux du monde nous laisse songeurs, et muets jusqu'à la fin du petit-déjeuner. Contrairement à Philippe et à Pierre, et à un grand nombre d'ornithologues, je ne suis pas une grande spécialiste des identifications d'espèces. Je passe pourtant pour une connaisseuse pour le commun des mortels, qui sait à peine reconnaître une mésange bleue, mais il est des naturalistes capables d'en identifier encore bien davantage, avec une finesse d'analyse prodigieuse.

Pour ma part, j'aime particulièrement les animaux à fourrure, et si nous n'arrivons pas à trouver l'ours de Gobi, j'aimerais bien, en Mongolie, apercevoir un jour le chat manul, un félin sauvage à la grosse tête touffue un peu aplatie et à l'air particulièrement mal aimable.

« Venez voir ! » s'écrie soudain Pierre avec enthousiasme, quelques mètres plus loin, tandis que je savoure ma dernière bouchée du pancake mongol.

Un monstre jaune et velu d'une dizaine de centimètres, muni de huit longues pattes, de deux pédipalpes velus et d'un abdomen plus rebondi que celui d'un frelon, a entrepris d'escalader la tente bleue où sont servis les repas. Sa tête, équipée de longues mandibules rouge sombre, est surplombée de deux petits yeux noirs, minuscules billes enfoncées entre les poils jaunes. Un frisson d'effroi parcourt mon dos quand je réalise que j'ai paisiblement dormi dans un lieu fréquenté par de telles créatures.

« C'est un solifuge ! s'exclame Philippe, ravi. Un arthropode, comme les araignées et les scorpions !

– Il est impressionnant ! s'émerveille Pierre. Son nom signifie "qui fuit le soleil". »

Je pensais qu'il était suffisant qu'existassent, sur

Terre, des araignées et des scorpions, et je découvre avec un saisissement dégoûté la famille des solifuges, à laquelle appartient cet épouvantable animal du désert.

Comme la découverte de ce monstre pubescent plonge les hommes dans un ravissement ému, je garde pour moi mes sentiments réservés à l'égard des solifuges, refusant de nourrir la réputation entomophobique des femmes, non sans me promettre de vérifier à deux fois les alentours de ma tente la nuit prochaine. Quand je pense à mes amies arachnophobes, je crois que la vision d'une telle créature et de la bande de fous furieux qui la contemple les enverrait directement à l'asile. Hélas ! Nous n'en sommes qu'au début du voyage ! Que me réserve encore le Gobi en abominations rampantes et cavalantes ?

Fort heureusement, le solifuge partage mon point de vue sur l'aspect inopportun de cette rencontre et sur nos laideurs réciproques, et il décide de se carapater. Un branle-bas de combat destiné à lever le camp succède sans transition à cet intermède écœurant : démontage de tentes, transport de matelas, valises fourrées à la hâte, dents brossées debout, malaisément, une bouteille d'eau à la main, écume de dentifrice recrachée à même le sol.

Au petit jour qui fait blondir le sable, nous grimpons dans l'inconfortable camion, tous prêts à quitter cette orée de désert que nous ne contemplerons plus jamais – combien de rivages, combien de chemins serpentant dans les bois, combien de villes doucement éclairées quittons-nous, dans une vie, pour ne jamais plus les revoir ? Ce n'est pas le moment d'y penser : il faut partir, le voyage est encore long pour se frayer un passage jusqu'au cœur minéral du Gobi.

« *Morin deer !* » s'écrie Terbish, joyeux et grisé par le départ comme un bandit prêt à braver tous les interdits. « En route ! », en mongol, se dit « À cheval ! » – forcément.

À ces mots, Myangaa fait vrombir le moteur avec un plaisir insolent, soulevant un épais nuage de poussière derrière lui.

Nous n'allons pas très loin ce matin-là car, pendant que nous roulons, Pierre repère un petit point d'eau et une zone de végétation rêche – en partie sèche, en partie verte.

« Regardez ! s'écrie-t-il d'une voix émue, en désignant un vol lointain d'oiseaux tournoyant dans le ciel, des syrrhaptes ! »

Un frisson nous saisit tous. Les syrrhaptes paradoxaux sont à mon sens l'un des beaux oiseaux qui soient.

« Stop, stop ! crions-nous à Myangaa et à Terbish, *Look !* »

Notre chauffeur pile et nous nous jetons tous sur nos jumelles.

« Ils sont en train de s'abreuver, s'extasie Pierre.

Regardez, il en vient d'un peu partout dans le désert ! »

Nous décidons de tenter un affût. Myangaa approche son camion aussi doucement que possible, sachant qu'un lutteur mongol ne partage pas précisément la même notion de la délicatesse qu'un ornithologue aux aguets. Il est flanqué de Philippe qui, cramponné au siège du conducteur, ne cesse de lui répéter d'un ton anxieux : « *Slowly, slowly !* », la mâchoire crispée d'inquiétude chaque fois que la course du camion provoque quelque nuage de poussière susceptible d'effrayer les fabuleux syrrhaptes. Puis nous descendons du véhicule, depuis lequel Myangaa nous surveille, l'air de penser que nous allons encore nous vautrer dans la poussière à la seule fin de salir ses sièges.

Petit à petit, à quatre pattes, en nous déplaçant le plus subtilement possible, sans mouvements brusques, nous nous rapprochons de la zone où volent les syrrhaptes. Discrètement, nous nous cachons dans les herbes sèches qui poussent à proximité de la petite mare. Grâce à nos vêtements aux couleurs du désert, nous devenons, une fois immobiles, quasi invisibles. Contrairement aux mammifères qui débusquent facilement les intrus à l'odeur, les oiseaux, eux, sont surtout sensibles aux mouvements.

En silence, les appareils photo pointés vers le ciel, nous attendons, figés et cryptiques. Mon précédent voyage en Mongolie m'avait déjà fait chérir les merveilleux syrrhaptes, mais jamais je n'aurais imaginé un jour en voir autant, et de si près. Mon cœur se serre quand surgissent les premiers individus, à quelques mètres seulement.

Les syrrhaptes appartiennent à la famille des Ptéroclididés, rassemblant les différentes espèces de gangas – oiseaux proches des Columbidés. Ils ressemblent en effet à de grandes et grosses colombes dont les ailes seraient particulièrement longues et effilées. Leur queue large, munie de deux grandes plumes pointues et fines, prolonge leur vol d'une élégance gratuite. De loin, on les croirait fondus dans du vieil or tant les vols de syrrhaptes évoquent des éclats métalliques dans le ciel. Si on parvient à les voir de plus près, on s'aperçoit que cet oiseau mythique est une œuvre d'art en soi : sa beauté parfaite se suffit à elle-même.

Ce trésor du désert porte les couleurs des roches : son corps est beige comme un sable nuancé, ici un peu jaune, presque blanc au niveau des axillaires, sa petite tête à l'œil noir et au court bec gris est réchauffée de reflets brun-roux que l'on retrouve aussi sur l'arête des ailes. Des marques noires ornent les rémiges, le ventre, les plumes de la queue, en des dessins bien ciselés, et même le croupion, pour le mâle, en de petits points qu'on croirait tracés à l'encre de Chine. Il a aussi la particularité d'avoir de petites pattes aux doigts soudés (syrrhapte signifie « cousu ensemble »). Ces derniers sont également emplumés et épais, munis de coussinets facilitant la marche sur le sol brûlant du désert. Ainsi, leurs pieds ressemblent plus à ceux des mammifères qu'à ceux des oiseaux.

Les groupes disparaissent, puis reviennent, éclair d'or soudain, et mon cœur bondit à chacun de leurs passages. Les gangas ont l'habitude de venir boire ainsi, tous ensemble, le matin et le soir, aux points d'eau. Leur cri est très doux : *drrrou... drrrou...*

Autrefois, cette espèce réalisait des incursions, tel Gengis Khan et ses troupes, jusqu'en Europe, et même en France où elle a niché à la fin du XIXe siècle. Puis plus rien depuis 1908. Pourquoi ? C'est l'un des mystères du syrrhapte paradoxal. Le jour où il reviendra exhiber sa traîne d'or jusque sous nos latitudes, une émeute ornithologique est à prévoir !

Si nous ne nous lassons pas de regarder ces oiseaux de feu sortis d'un conte de fées ou d'une des étincelles de la forge de Vulcain, eux en revanche terminent de boire et s'évanouissent dans le désert, petit à petit, comme ils sont venus.

Par ailleurs, nos coéquipiers mongols pour qui les syrrhaptes sont à peu près ce que représentent pour nous les pigeons ramiers, soit des animaux communs, semblent vibrer d'une hâte discrète de repartir. Nous souhaitons rallier avant la nuit le camp de Sharl Khuls, la première zone à ours du Gobi, où Nyambayar compte contrôler une placette d'alimentation et relever ses pièges photo – deux des éléments de la procédure scientifique qui lui permet de surveiller les populations d'ours. Il ne faut donc pas trop traîner : pour arriver tout là-bas, nous devons franchir la chaîne d'Edrengiyn Nuruu.

Chapitre 6

Cinq cent vingt-deux

Sur les cartes, les zones rocheuses de la Mongolie ne semblent que quelques petites nuances du terrain, dénivelés sans importance. Dans un camion russe, c'est une autre affaire. À chaque secousse de la route, mon épaule frôle la portière. Je n'arrive pas toujours à l'empêcher de s'écraser rudement contre la tôle, et à force de chocs répétés, un bleu grisâtre commence à se dessiner sous ma peau. Je ne sais pas comment font mes amis pour ne pas se cogner continuellement, mais je les soupçonne d'avoir le cuir plus épais que moi. Je roule un pull en boule et je le coince entre mon épaule et le camion, pour amortir les chocs.

J'ai gardé ma liste du Paléarctique occidental avec moi, afin de recompter mes coches. Je commence à faire mes calculs, tout en me demandant comment font Terbish et Nyambayar pour s'orienter, de quelle façon ils parviennent à ne pas se perdre, en suivant le ciel, en suivant le sable, dans ce beau désert où tous les paysages se ressemblent et se succèdent.

« 122, 123, 124…
– Élise ? »
La voix inquiète de Philippe me parvient, parasitant ma concentration.
« Attends, je compte. 124 donc, 125, 126…
– Je n'arrive plus à retrouver ma gourde, c'est toi qui l'as prise ?
– Oh merde ! Je m'en fous de ta gourde ! Tu m'as fait perdre le fil ! J'étais en train de compter ! Il faut que je reprenne tout depuis le début maintenant ! »
Sur ce, une roche affleurante fait bondir le camion, qui se réceptionne brutalement sur ses quatre roues, mon pull glisse et je viens de nouveau m'écraser avec fracas l'épaule contre la tôle.
« Aïe ! »
Je foudroie Philippe du regard, comme s'il était *aussi* responsable de cet incident.
« Ah, voilà cette gourde ! s'exclame-t-il, ravi et hermétique à toute culpabilité envers mes petits malheurs. Elle était coincée au fond du sac.
– Y a quoi dedans ? demande Pierre. De la vodka ? »
Les heures de route dans un camion russe, en plein désert de Gobi, peuvent être longues, et pas bien drôles. Nous avançons lentement, sur cette piste de sable et de cailloux : notre vitesse de croisière tourne autour des vingt-cinq kilomètres-heure.
Personne ne semble avoir remarqué que je subis

presque tous les soubresauts de la route et que mon épaule va finir violette. Mais je me sens trop seule, unique femme dans ce groupe d'hommes, pour me plaindre. Et impossible de me liguer à Tsevgee et à Zoulaa, la barrière de la langue rend toute contestation commune impossible. Bien que je n'y puisse rien si j'ai la peau plus tendre qu'eux, et que sans doute mes compagnons de voyage essaieraient de m'aider à mieux aménager le camion si je leur exposais mon problème, je m'autocensure, comme font souvent les femmes dès lors qu'elles sont minoritaires. Nous sommes dans le désert, le camion bute sur une piste sableuse, il faut serrer les dents.

Pourquoi les femmes partent-elles si souvent du postulat que les hommes, surtout à plusieurs, vont forcément faire preuve d'insensibilité ? Présupposer un manque de bienveillance ne finit-il pas par l'induire ? À ne pas demander d'aide, aucune chance d'être aidée ! Pourtant, dans les faits, un homme à qui on expose calmement un souci essaie le plus souvent de le résoudre.

Qu'importe, drapée dans ma fierté, je me contorsionne pour essayer d'éviter les heurts, muselée par l'inconscient féminin dressé depuis des millénaires à coups de bûchers pour sorcières et autres tortures institutionnelles destinées à nous rendre dociles.

Le paysage aride défile, linéaire, dans la clarté du jour jeune : une immensité de sable, de poussière, de roches, de petites collines de pierres. Le désert, encore et encore, ocre et gris, jaune et bleu.

« *Is it the good way ?* » demande Philippe à Terbish, le visage soudain inquiet.

Le Mongol éclate de rire.

« *I hope so !* » répond ce dernier.

À l'arrière du camion, nous échangeons des regards hésitants, pas tout à fait rassurés par l'humour du professeur. Les Européens que nous sommes, avec nos bocages, nos petits bois, nos routes bitumées, nos pancartes omniprésentes, nos GPS dernier cri, nos smartphones maternants, avons du mal à concevoir que ces hommes des steppes, ces puissants Mongols, parviennent à se repérer dans un paysage de cailloux tous semblables. Car de GPS, nous n'en avons pas. Pas plus que de téléphone satellitaire – ici, dans le Gobi, aucun réseau ne passe. Nous ne possédons pas non plus de carte – pour quoi faire : il n'y a aucune route ! Nous ne pouvons compter que sur le sens de l'orientation de Nyambayar et de Terbish. Et sur l'aptitude de Myangaa et de Galaa à ne pas s'enliser dans le sable.

Un peu troublé, Philippe essaie d'en savoir davantage.

« C'est quand, la dernière fois que tu es venu par ici ? demande-t-il à Terbish.

– Il y a environ vingt ans », répond calmement le professeur.

Philippe se retourne vers nous, l'air effaré, les sourcils relevés.

« Espérons qu'il ait bonne mémoire », nous dit-il, son regard trahissant une certaine consternation.

Je l'observe avec curiosité se tasser un peu plus au fond de son siège. Est-il inquiet ? Et moi ? Je suis à des milliers de kilomètres de ma Bretagne, impuissante, démunie face à l'immensité hostile du désert, en compagnie d'une bande d'ornithologues déraisonnables et de Mongols joyeux, dans un camion russe aux phares ronds surgi des années soixante, transportant quelques bidons d'essence et bouteilles de vodka, et vraisemblablement quelques solifuges, toutes choses qu'une personne saine d'esprit se devrait d'éviter soigneusement pour la tranquillité de son quotidien – à défaut de sa survie. Et pourtant, je n'ai pas peur.

Cela m'étonne. J'ai beau avoir sillonné le monde, je suis d'un naturel froussard. Si je me laissais aller, je me contenterais de voyager pour déguster des spaghettis à la bolognaise et des tiramisus en Italie, sous le ciel de Toscane, émerveillée des arts raffinés de la péninsule. J'irais marcher le long des plages de Galice, je pousserais jusqu'à Saint-Jacques-de-Compostelle, puis je reviendrais par Santillana del Mar. J'arpenterais Londres une fois de plus jusqu'à user mes semelles, j'irais marcher à Jersey, à Guernesey, et au plus loin, je me rendrais sur les îles Shetland et Féroé, caresser les naseaux des petits chevaux nains et ébouriffés qui y résident. J'aurais des plaisirs et de petites aventures raisonnables, faciles, attendus, qui me combleraient en tout point.

Je n'ai pas l'esprit naturellement intrépide. Ces jungles où j'ai transpiré, ces précipices que j'ai longés, ces déserts que j'ai traversés, ces steppes, ces ciels étoilés, ces tempêtes de sable, ces orages grondants, ces savanes troubles, ces océans, ces banquises, ces forêts, il a fallu que je me traîne par la peau des fesses pour y aller.

Dans les faits, ma vie est aventureuse, mais seulement parce que j'ai pris sur moi. J'ai grelotté de peur dans des tentes, tandis que la foudre tombait partout autour de moi, j'ai eu le vertige sur des montagnes abruptes, j'ai été effrayée par toutes sortes d'animaux – rhinocéros, éléphants, mygales, scorpions, ours, baleines !

Physiquement même, je ne suis pas taillée pour l'aventure. J'ai besoin de huit à neuf heures de sommeil pour être en forme. Je ne peux sauter un repas sans manquer de mourir de désespoir et d'hypoglycémie. Ma peau ne supporte aucun des innombrables insectes suceurs qui peuplent la Terre : de microscopiques aoûtats pyrénéens m'ont menée par deux fois aux urgences. Sous l'effet pervers de leurs piqûres, mon corps s'était couvert d'excroissances en forme de framboises douloureuses, générant un prurit intense, puis se transformant en grosses cloques gorgées de liquide transparent, source de perplexité pour les médecins. De plus, excepté le vélo, le train et éventuellement le bateau (sous condition de mer calme), je déteste à peu près tous les modes de transport. J'ai peur des voitures, des motos, des chevaux que je ne connais pas. L'avion, surtout, me semble le plus cruel des supplices.

Et pourtant, aujourd'hui, en plein désert de Gobi, je ne ressens aucune appréhension. Je me sens à ma place. J'ai confiance en Terbish. C'est étrange… Peut-être qu'une forme de lâcher-prise s'opère quand les conditions deviennent trop extrêmes ? Aux lueurs d'inquiétude qui perlent parfois du regard de mes coéquipiers, je sens que ce n'est pas le cas pour tout le monde.

Nous avançons dans le désert. Les Mongols ne disent plus rien. Nous non plus. Les moteurs vrombissent à chaque mètre de sable et de pierres franchies, Myangaa transpire et les kilomètres s'enchaînent, quand je m'exclame :

« 522 exactement !

– 522 quoi ?

– 522 coches d'espèces visibles dans le Paléarctique occidental !

– Ah, ça y est, tu as fini de compter ? demande Pierre.

– Oui ! J'avais oublié de cocher l'océanite de Wilson, que j'ai rajouté à ma liste l'été dernier. Voilà qui est réparé ! D'ailleurs, au passage, on dit *un* océanite, ou *une* océanite ?

– On dit *un* océanite ! » répond Pierre, illustre docteur ès noms d'animaux.

J'ai connu le livre de Pierre Cabard avant de connaître son auteur, car *L'Étymologie des noms d'oiseaux*, publiée en 1995 chez Éveil Éditeur, petit ouvrage beige, austère, tout en retenue, trônait dans la maigre bibliothèque de la rue Bargue, dans le XVe arrondissement de Paris, où se situaient alors les bureaux franciliens de la Ligue pour la protection des oiseaux, où je travaillais à la sauvegarde des rapaces menacés.

De tous les livres que renfermait cette bibliothèque miraculeuse, *L'Étymologie des noms d'oiseaux* était de loin celui qui me fascinait le plus, avant même les merveilleux et épais tomes aux pages cornées de *La Vie des oiseaux*, de l'ornithologue suisse Paul Géroudet, bibles poétiques de tout ornithologue francophone, fierté des naturalistes genevois. Je préférais le petit ouvrage monacal où, associé à son coauteur Bernard Chauvet, Pierre Cabard détaillait avec soin, dans cette œuvre de 208 pages, l'origine et le sens des noms des oiseaux d'Europe. Cette démarche, par sa nature même, était pour moi propice au rêve, et je n'imaginais pas, quelques années plus tard, rencontrer l'auteur de ce livre fondateur et voir dans son regard inquiet se refléter le ciel métallique d'un ensorcelant désert.

À propos de l'hydrobatide dont je faisais mention, Pierre Cabard et Bernard Chauvet écrivaient ceci :

> *Oceanites oceanicus* Océanite de Wilson
> *Oceanites* se réfère à la mythologie grecque et aux termes *okeanites* (grec) ou *oceanites* (latin) qui en français sont devenus « océanides » : le nom des nymphes de la mer, filles d'Okeanos et de Tethys, au nombre de trois mille d'après Hésiode, poétique personnification des vagues.
> *Oceanicus*, du latin *oceanus* et du grec *okeanos*, « l'océan ». Le nom allemand *Buntfüssige Sturmschwalbe*, « hirondelle de la tempête aux pieds bariolés », rappelle très justement la seule caractéristique qui permet de le distinguer du précédent, les palmures jaunes de ses pattes. Wilson se rapporte à l'ornithologue écossais-américain A. Wilson (1722-1813).

Voilà la façon dont se construit un nom d'oiseau, et voilà comment Pierre Cabard, bien avant que je ne croise sa route téméraire, m'y avait initiée. J'appris grâce à lui différentes choses, que le troglodyte est nommé « roi de l'hiver » en néerlandais, qu'alouette est un mot d'origine gauloise ou qu'un flamant rose est en fait un oiseau couleur de flamme – *flamenco*, en espagnol. Comment ne pas aimer la poésie oubliée dont les humains d'autrefois ont pourvu ces animaux ailés ?

Chapitre 7

Tourments moscovites

C'est un pays sans ombre, sans brume, sans eau. Pas d'arbre, des collines de sable à perte de vue, des rochers roulés à leur pied, ici et là quelques plantes desséchées n'ayant peut-être jamais fait l'expérience de la pluie. Les nappes d'onde que l'on croit voir parfois au loin, douces étendues scintillantes, ne sont qu'illusions sous le soleil, mirages qui égarent, chimères de chaleur vibrante, tristes songes d'une région sans lacs, poésies du désert qui rêvent à l'eau comme on rêve à l'amour, solitude des roches qui se souviennent des temps millénaires où des mers les recouvraient, elles qui n'ont plus pour ombrage que la nuit, elles que les eaux marines ont depuis longtemps oubliées – cœur du désert qui ne bat plus désormais que pour charmer les étoiles.

Dans le ciel, pas un oiseau. Pas même un de ces vautours qui tournoient si souvent dans le firmament mongol. Je cherche, dans ma liste, les vautours, classés avec d'autres rapaces dans la famille des

Accipitridés. Vautour percnoptère : j'ai la coche – plusieurs fois – dans le sud de la France. Vautour charognard : vu au Sénégal. Vautour fauve : trouvé en France, en Espagne, en Mongolie ! Vautour de Rüppell : jamais repéré. Vautour oricou : observé en Afrique du Sud. Vautour moine : comme le fauve, un peu partout, par dizaines !

En contemplant le paysage qui défile, je me souviens d'une phrase que m'a confiée, il y a quelques années, mon amie Julie, chercheuse en anthropologie de l'environnement, un jour qu'elle partait au Sénégal pour sa thèse, son bébé de quelques mois sous le bras : « Les gens s'interdisent de vivre en prenant toutes sortes de prétextes. Ils se limitent en disant que c'est à cause de leur enfant, ou bien de leur couple. Mais ils se mentent, bien sûr. S'ils ne vivent pas leur vie, c'est juste leur faute à eux ! »

Pourquoi cherchons-nous si souvent des causes extérieures à nos soucis intérieurs, de fausses justifications pour nous masquer la vérité ? Sans doute pour conserver une bonne image de nous-mêmes, pour préserver notre cher petit ego. Pour ma part, je masquerais bien ma peur de voyager sous de bonnes raisons : trop de travail, désastre écologique des trajets en avion, nuisances viles du tourisme de masse. Pourtant, qu'y a-t-il de déshonorant à l'avouer ? Bien des voyageurs ont en réalité peur au moment de partir. Car objectivement, pour avoir parcouru le monde dans de nombreuses directions, je n'ai guère connu de périple qui ne soit une belle accumulation de contrariétés.

Sur place, la vérité est toujours très éloignée des rêves candides et mensongers que nous proposent les guides touristiques, repus de notre crédulité. Et il faut un certain acharnement, ou une innocence prodigieuse, pour continuer de sillonner la planète quand on sait tous les risques inutiles et redoutables que nous fait prendre chaque expédition hors de notre pays. Pluies diluviennes, affaissement de terrain, violents incendies de forêt, il y a toujours un bon prétexte pour empêcher votre avion de décoller ou votre minibus d'atteindre sa destination – je n'exagère pas, j'ai vécu ces situations à Madère et au Costa Rica – et je ne parle même pas des éruptions volcaniques, des tsunamis, des explosions nucléaires, des prises d'otage et des guerres civiles. Si de telles extrémités sont très rares, il y a néanmoins toujours un touriste pour se retrouver pris dans le pétrin, et parfois, c'est vous ! Sans compter la visite d'hôpitaux de brousse en tous genres, parce qu'il y a toujours un membre du voyage pour se découvrir un pied soudain bizarrement violet et enflé, une tourista des plus violentes ou une piqûre boursouflée et suintante infligée par un insecte aussi étrange qu'inconnu.

De retour au pays, alors qu'on se croit enfin sorti d'affaire, on expérimente encore, après coup, quelques solides soucis : l'un aura chopé le paludisme, une hépatite, tel autre des amibes. Pour ma part, j'ai ramené de Syrie, il y a bien longtemps, par le biais de ma valise, des punaises de lit qui installèrent une colonie affairée dans ma chambre, bien planquée sous le sommier, me suçant le sang nuit après nuit jusqu'à ce que je m'en débarrasse des semaines plus tard. Pourquoi alors, après de longs mois douillets chez moi, au bord de la mer, à cheminer sur la rive de sable cuivré des plages d'Étel en regardant les vagues ou les feux lointains de Lorient, toujours repartir ? Je sais pourtant que je vais souffrir !

Et cette fois encore, il n'aura fallu que quelques heures, après mon départ pour la Mongolie, pour regretter, le cœur serré, ma Bretagne. J'étais pourtant préparée psychologiquement, étant donné que cela faisait plusieurs mois que j'éprouvais une méfiance confuse à l'idée de ce voyage, et que, depuis quinze jours, j'avais franchement peur. Pourquoi se plier à une pareille excentricité : voyager ! L'envol pour le Gobi a en effet commencé, dans le ciel sombre qui menait à Moscou, par la nécessité inopinée d'effectuer un détour, au-dessus des nuages, afin d'éviter un violent orage. Cela ne nous épargna pas une zone de perturbations des plus déplaisantes, propre à me précipiter, secousse après secousse, dans un état émotionnel misérable.

Pour fuir la sensation de mort imminente que provoquait en moi chaque trou d'air, je me plongeai, tous poils dressés, et les dents douloureuses à force de les serrer, dans la lecture de *Mongol express*, petit livre de vocabulaire mongol qui rappelle en introduction ces informations concernant la Mongolie : « Le réseau routier est inexistant et limité aux grandes villes. La signalisation est inconnue, les cartes rudimentaires et très souvent inexactes ne vous mèneront nulle part ! [...] Pour se situer dans l'espace, le chauffeur mongol se repère "à l'ancienne", en observant les bornes naturelles que sont montagnes, forêts et canyons. »

Ces quelques lignes déclenchèrent une soudaine sensation de chaleur et des picotements dans mon dos, et j'aurais sans doute, en l'absence d'orage, différé cette lecture délétère, mais de nouveaux trous d'air me poussèrent à poursuivre, le cœur gros, avec l'espoir naïf de me changer les idées. Hélas, dans ce livre, l'auteur détaille avec un plaisir immoral les vols intérieurs mongols : « Dans certaines régions comme le Gobi, vous serez surpris, atterrés, de voir votre Antonov de troisième ou quatrième main se poser sur l'herbe rase d'une prairie aussi trouée qu'un gruyère ! [...] Les compagnies locales [...] utilisent des Antonov, dont certaines antiquités extraordinaires... »

Je réfléchis alors, la gorge nouée, au vol intérieur prévu à la fin de notre voyage pour revenir du Gobi jusqu'à l'aéroport international. D'y penser en plein ciel, mon cœur se liquéfia en une salve d'extrasystoles, suivie d'une tachycardie rythmée, un ruisseau de sueur coulant le long de ma colonne vertébrale. J'entendais au loin, de façon cotonneuse, tout en prenant de larges et profondes inspirations pour me calmer, Philippe commencer à s'inquiéter d'un ton hérissé – non pas pour l'orage et encore moins pour ma pâleur et mes yeux de plus en plus vitreux de frayeur, mais pour la correspondance que nous devions prendre à Moscou pour rallier Oulan-Bator, et qui devenait, minute après minute, de plus en plus hypothétique.

Comme si les roulements de tonnerre rageurs des nuées n'avaient pas été suffisants, et comme si nous n'avions pas déjà suffisamment fait le gros dos et contourné de nuages noirs, quelques heures plus tard, un second orage nous empêcha cette fois d'atterrir à Moscou, et il fallut faire des ronds dans le ciel pendant près d'une heure avant d'enfin obtenir l'autorisation d'atterrir. Par miracle, l'avion pour Oulan-Bator n'avait pas encore décollé, et nous avions encore le temps, en courant dans l'aéroport, en sueur, de le rejoindre. Nous étions à deux doigts d'y parvenir, mais c'était sans compter trois fonctionnaires russes, impitoyablement droits dans leurs bottes et extraordinairement patibulaires, qui au dernier moment, pour une raison ténébreuse, nous refusèrent l'accès.

Et c'est ainsi que, essoufflés, transpirants et stupéfaits, nous avons commencé notre voyage, à regarder décoller un avion que nous avions le temps de prendre, coincés pour une nuit à l'aéroport de Moscou, avec interdiction stricte de sortir en ville – et sans nos bagages, il va de soi, ceux-ci ayant tranquillement suivi la correspondance pour Oulan-Bator sans rencontrer, pour leur part, de douaniers tatillons.

Après trois heures de plaintes et de tracasseries administratives, les Moscovites, somme toute magnanimes, nous octroyèrent une chambre, ou plutôt une « capsule » donc, au Capsule mini-hôtel, où nous devions attendre le prochain vol. La pièce invraisemblablement minuscule avait dû être conçue par un constructeur de sous-marins ou de fusées, ou par un maître d'œuvre cherchant à se venger d'une ancienne petite amie claustrophobe, mais l'heure n'était pas aux reproches architecturaux : nous étions tout de même soulagés de n'avoir pas à dormir à même le sol crasseux de l'aéroport.

« On n'a même pas de quoi bouquiner, soupirait Pierre, tout est dans les valises… »

S'ensuivit une soirée très étrange, coincés dans ce lieu de transit avec d'autres voyageurs en errance, accablés et impuissants. Cette halte imposée me permit d'acquérir une connaissance approfondie des lieux. Quand j'eus suffisamment examiné, un par un, les innombrables tee-shirts à l'effigie de Poutine présents dans toutes les échoppes de l'aéroport, je rejoignis les voyageurs échoués dans une guinguette et entrepris d'avaler une surprenante salade d'anguille tout en amorçant une tentative de discussion avec Chikara Matsumoto, un artiste japonais aux cheveux coupés au carré, lui aussi coincé là, effondré sur une chaise et aplati de lassitude.

Qui n'a jamais voyagé ne peut connaître ces échanges sans lendemain, dans une aérogare triste, purgatoire pour bourlingueurs insolents. Mais nous avions si peu envie d'aller nous enfermer dans la « capsule » de sous-marinier qui nous attendait, que Chikara et moi nous obstinions à vouloir péniblement converser, sachant pourtant que jamais nous ne nous reverrions, habitant l'un et l'autre à chaque bout de la Terre, humains clairsemés parmi 7,8 milliards de semblables.

Cette soirée absurde s'acheva pour tous au lit sans pyjama ni brosse à dents, mais avec une fameuse insomnie. À trois heures du matin, en été, chez les Russes, c'est déjà l'aube. La minuscule chambre était dépourvue de volets et ne me rappelant plus cette particularité boréale, je m'interrogeais dans un demi-sommeil agité et sans repères : pourquoi donc fait-il jour en pleine nuit ?

Le lendemain, il fallut encore attendre des heures, dans nos tee-shirts de la veille.

Les ornithologues déconfits erraient dans les couloirs, prisonniers de l'aéroport russe, cherchant à apercevoir, à l'extérieur, quelques corneilles mantelées, espèce presque semblable à nos corneilles noires, sauf que leur corps est gris pâle, à l'exception des ailes, de la queue et de la tête.

Enfin, un nouveau décollage nous projeta dans le ciel sibérien, en direction d'Oulan-Bator, pour une nouvelle nuit d'insomnie, à suivre le crépuscule aux nuages couverts d'or. Nous vîmes se lever l'aurore d'argent et de rose sans à aucun moment basculer dans la nuit noire, la lumière du matin remplaçant simplement celle du soir, l'anneau du soleil ne disparaissant jamais complètement de l'horizon.

C'est à sept heures que nous arrivâmes en Asie centrale, moites et un grand déficit de sommeil au compteur, pour découvrir qu'Aeroflot avait, de surcroît, perdu le bagage de Matthieu Kumlien – il resta fort digne pour quelqu'un soudainement privé de slips et de brosse à dents au départ d'un voyage dans le désert de Gobi. « Après tout, lui dit l'autre Matthieu, cherchant à le consoler, les êtres humains ont bien survécu des dizaines de milliers d'années sans caleçon. » Dans le hall de l'aéroport, la voix fière de Terbish survola la foule, « Philippe ! Élise ! », avant que le Mongol n'apparaisse, et ne nous serre chaleureusement dans ses bras – réconfort de l'amitié, remède aux nuits moscovites. Nous avions déjà plus d'une journée de retard, et ne pouvions différer notre départ pour attendre l'arrivée hypothétique d'une valise égarée, aussi les hommes décidèrent de prêter des vêtements de rechange à Matthieu, puis nous partîmes enfin, hagards et sonnés.

Pourquoi voyage-t-on ? Qu'allons-nous chercher ? Jusqu'où voulons-nous aller ? Il est vrai que tout périple nous en apprend beaucoup sur nous-mêmes, sur ce que nous pouvons endurer en termes de fatigue, de manque de sommeil, d'inconfort. Au bout du monde, sans repères, le décalage horaire farineux et lourd, les masques tombent. Nous ne connaissons jamais véritablement une personne tant que nous n'avons pas voyagé dans des conditions difficiles avec elle, tant que nous ne savons pas si elle tiendra bon. Et avant cette épreuve, à vrai dire, nous ne nous connaissons jamais vraiment nous-mêmes. Si vous trouvez quelqu'un sympathique, demandez-vous d'abord si avec lui vous pourriez boire de l'alcool de yak fermenté, à la puissante odeur de bouse et de bétail, sous un ciel d'orage saturant votre tente d'humidité, après deux nuits sans dormir, à sept mille cinq cents kilomètres de chez vous.

Quelques jours plus tard, dans la steppe à l'entêtante odeur d'armoise, un peu avant que nous n'arrivions au lac Böön Tsagaan, le camion de maintenance nous rejoignit, dans un nuage de poussière, chargé d'un précieux cadeau : le bagage perdu par Aeroflot – Terbish ayant toujours une solution pour tous les problèmes. Il est des bonheurs fameux dans la vie : retrouver sa valise égarée par les Russes, en pleine steppe mongole, en est un, et les yeux de Matthieu s'éclairèrent d'une reconnaissance éperdue. À le voir, nous nous sentions presque aussi heureux que lui.

Après ce début mal engagé, les premiers jours du voyage furent plutôt paisibles – hormis la rencontre des squelettes du cimetière en plein air, et un ensablement sur une dune molle, durant lequel Pierre s'asphyxia à moitié avec les gaz du pot d'échappement et Philippe tomba en descendant du camion, se faisant une grosse et douloureuse bosse violette dans le bas du dos. Mais la lumière dorée des plaines et le rire de nos amis mongols nous ont fait oublier nos déboires. Depuis, le vent nous mène, et le camion roule, droit devant. Maintenant, nous sommes dans le Gobi.

Chapitre 8

En rejoignant Sharl Khuls

À quoi ressemble le Gobi en hiver ? À quoi ressemble un désert gelé, et comment crisse le sol glacé et dur sous les pieds ? Je m'interroge en contemplant par la fenêtre du camion les étendues de sable chaud. J'ai toujours rêvé de voir la Mongolie l'hiver, sous son rempart de solitude intense, bercée par les flocons, les lacs de glace, miroirs d'argent de la steppe, les loups qui dévorent les carcasses des animaux morts de froid, les rochers qui menacent le ciel bas, les bruits étouffés, une autre forme de silence… Et les efforts des nomades luttant dans cette saison glaciale, dans le secret de leur vie pour de longs mois isolée, et cet amour de la liberté qui les porte, leur regard noir brillant dans ces vastes étendues blanches. Et à quoi ressemblent ces plaines émeraude quand, au printemps, fond, coule et s'efface cette neige tout l'hiver amassée, bientôt remplacée par l'herbe verte à perte d'horizon, dans ce pays d'éleveurs où l'on ne sème ni ne récolte rien d'autre que l'ambition d'une existence fière et libre...

Quant au Gobi, en vérité, désert suprême, il doit être assez impraticable en hiver. Si, l'été, la température atteint facilement les 40 °C, elle descend, durant les mois froids, jusqu'à – 40 °C. Ses variations thermiques, au cours d'une journée, sont terribles, oscillant souvent autour des 30 °C. Le soir, le vent se lève, balayant tout, et il n'est pas rare, durant les heures où nous roulons, d'apercevoir des tourbillons soulevant la poussière.

Je parcours négligemment ma liste. Picidés. Il ne me manque que deux coches, le pic de Levaillant et le pic maculé. J'ai tous les autres !

Torcol fourmilier
Pic flamboyant
Pic cendré
Pic vert
Pic noir
Pic épeiche
Pic syriaque
Pic mar
Pic à dos blanc
Pic épeichette
Pic tridactyle

Comment est-il possible que j'aie vu tant d'espèces de pics ? Je ne cocherai rien cette fois-ci : aucune chance de voir ces oiseaux forestiers en plein désert…

« Tu apprends ta liste par cœur ? » me lance Matthieu Kumlien.

Je lui réponds d'un sourire crispé. S'ajoutant à la souffrance des chocs à l'épaule, une envie d'uriner m'a saisie depuis une bonne demi-heure. Comme je n'ai pas envie de ralentir le convoi, j'attends le prochain arrêt. Les roches de la chaîne d'Edrengiyn Nuruu ont pour avantage non négligeable d'offrir des cachettes appropriées. Car le défi se renouvelle à chaque voyage en Mongolie : comment faire ses besoins, entourée d'une meute d'hommes munis de jumelles et scrutant tous les coins de la steppe – dont deux qui surveillent férocement leur camion, profitant de la moindre pause pour le lustrer fébrilement avec un petit chiffon – dans une contrée quasi plane et sans un seul buisson pour s'isoler ? Chaque grosse pierre, chaque touffe d'herbe est pour moi un bien aussi précieux que rare !

Les cuisinières mongoles s'enroulent quant à elles dans un grand manteau et s'éloignent pour faire leur petite affaire – l'idée ne leur viendrait pas de se mettre cul nu dans la steppe. Mais je n'ai pas de grand manteau, ni l'expérience nécessaire pour savoir comment uriner ainsi drapée. Jamais je n'ai pu, en un seul voyage en Mongolie, faire bêtement pipi derrière le camion, c'est tout bonnement impossible, et je crois que cela déclencherait un conflit sans nom avec Myangaa. Bref, j'ai acquis dans la steppe des trésors d'observation, de stratégie et de rapidité pour savoir désormais faire mes besoins dans la nature en toutes circonstances !

Pour le reste, chaque soir, un peu à l'écart du camp, les Mongols creusent en guise de petit coin un trou dans le sol, déposent une modeste pelle et un rouleau de papier hygiénique à côté et dressent par-dessus une tente blanche. Chacun rebouche au fur et à mesure ces toilettes sèches avec le tas de terre ou de sable adjacent, et on finit de tout combler chaque matin, avant de reprendre la route. Après notre départ, personne ne pourrait soupçonner que cet endroit de la steppe a servi de W.-C.

Le paysage chaotique d'Edrengiyn Nuruu, lorsque nous faisons un arrêt dans des gorges de pierre, sous un soleil de plomb, est d'un gris implacable. Invisibles, quelques criquets de la même couleur que la roche chantent la litanie de leur vie. Il fait chaud. J'ai pu me cacher pour me soulager, mais ma vessie me fait mal de s'être trop longtemps contractée dans les chaos de la route.

Nous reprenons notre chemin et petit à petit sortons de l'amoncellement de rochers, quand nous croisons au loin une gazelle, rare mammifère perdu en ces lieux. Elle détale en nous apercevant, sans doute effrayée par le bruit et la poussière que soulève le camion.

Nous voilà en plein désert de Gobi, jaune, blanc, gris, et sommes arrivés dans une petite plaine où poussent quelques herbes sèches. L'un des ornithologues y aperçoit une pie-grièche des steppes : nous allons voir.

« C'est quand même dingue de penser que des oiseaux parviennent à vivre dans ce ramassis de buissons secs ! » s'étonne Matthieu Thayer en dégainant un énorme appareil photo de son sac, prêt à pister dans ce lieu désolé le moindre mouvement d'ailes.

Succédant aux roches d'Edrengiyn Nuruu, cette plaine sableuse, ornée d'arbustes desséchés, écrasée de soleil, ignorante de la pluie, semble pourtant rassembler une maigre vie. Nous y découvrons une grosse cigale, chantant là comme elle pourrait psalmodier en Camargue son crissement répétitif. Elle constitue sans doute l'une des proies favorites de notre oiseau. Sous de jolis dehors plus ou moins colorés, la famille des pies-grièches, dont plusieurs espèces vivent en Europe, a développé des mœurs cruelles : en guise de garde-manger, elles empalent leurs proies vivantes sur des épines ou des bouts de branche pointus. Quelle meilleure manière de garder le plus longtemps possible la prime fraîcheur des protéines, le temps que la proie agonise ? Événement qui peut prendre un bon moment chez les insectes, bestioles coriaces qui n'entendent pas trépasser si facilement.

La pie-grièche des steppes ne diffère pas dans ses traditions de ses cousines, et plus d'une cigale du désert de Gobi a ainsi dû finir embrochée. En bon chercheur d'oiseaux, Philippe, aidé de ses acolytes, déniche une dizaine de *Lanius pallidirostris*, pie-grièche beige et grise, discrète, aux couleurs du milieu dont elle porte le nom.

Nous reprenons la route tandis que, satisfait d'avoir pu nous montrer tous ces passereaux dans un milieu aussi aride, content de lui et grisé de liberté, Philippe devise de bon cœur sur les trésors cachés du Gobi. Soudain, il sursaute, pris de répulsion :

« Ahhh, mais c'est quoi, ça ?! »

À fourrager dans les buissons, il a ramené dans le camion un hôte fort indésirable : une bête plate, munie de huit pattes crochues, de la taille d'une pièce de un centime, qui escalade méthodiquement son bras. Nous peinons à croire ce que nous voyons : cette bestiole répugnante est… une tique !

« Elle est énorme ! s'écrie Philippe.

– Jamais je n'aurais imaginé qu'il en existait d'aussi grosses, s'exclame Pierre.

– Trois fois comme les nôtres, au moins ! » concède Matthieu Kumlien.

Cette abomination du désert possède elle aussi la couleur cryptique du sable. Philippe la dégage avec horreur, avant qu'elle ne le morde, en la présentant préalablement à Terbish. Le Mongol recule en prenant un air dégoûté et nous explique qu'il s'agit d'un parasite « *dangerous* ». Nous préférons ne pas creuser le sujet des borrélioses et autres encéphalites à tiques endémiques au Gobi, sans doute plus atroces les unes que les autres, dont sont porteurs ces acariens géants. Le ton dont Terbish a prononcé le mot *dangerous* nous suffit. En France, environ vingt pour cent de nos amis naturalistes ont déjà contracté la maladie de Lyme ou une borréliose apparentée, à force de courir les bois, et si la plupart ont été correctement soignés, d'autres en gardent toujours des séquelles plus ou moins invalidantes. De plus, nous connaissons tous, dans le camion, des histoires de naturalistes terriblement malades, dans des pays de l'Est, après avoir été piqués par une tique porteuse d'une sale bactérie.

Ainsi, ces parasites de malheur vivent aussi dans le Gobi, où la chaleur, au fil de la route, devient de plus en plus pesante, et cette nouvelle me réjouit moins encore que la découverte de l'existence des étranges solifuges. Mais tandis que je rumine de noires pensées entomologistes, les hommes, qui ont déjà oublié la tique, s'inquiètent pour une autre raison. Après plusieurs kilomètres à peiner et à soubresauter sur la piste sableuse, les camions sont en surchauffe. Il faut s'arrêter pour que les moteurs refroidissent.

Les Mongols s'activent autour de leurs véhicules,

discutent entre eux. Philippe va aux nouvelles et revient, le visage un peu fermé.

« Terbish me dit qu'il va falloir attendre un petit moment, explique-t-il au groupe d'une voix qui se veut rassurante. Les moteurs sont encore beaucoup trop chauds. »

Pendant que les ornithologues cherchent, pour passer le temps, ce qu'ils pourraient voir dans ce désert vide, rossé de soleil, je me cale au fond de ma banquette, à l'abri du vent desséchant, et j'ouvre la *Liste des oiseaux du Paléarctique occidental.* Mon regard parcourt les noms vernaculaires et scientifiques. Autruche d'Afrique. Cette dernière ne m'a jamais fait rêver. Ce gros sub-dinosaure aptère est juste bon à avaler des réveils et à faire tic-tac tic-tac dans les vieux albums de Mickey. Puis les plongeons : le catmarin, l'arctique, l'imbrin et le plongeon à bec blanc. Tous fuselés, des machines à plonger – d'où leur nom. Nous sommes ici si loin de l'océan ! Puis les grèbes, ces sortes de petits jouets flottant sagement sur les étangs calmes. Je lis la liste avec le doigt : grèbe à bec bigarré – je l'ai vu aux États-Unis –, grèbe castagneux, grèbe huppé, grèbe jougris, grèbe esclavon, grèbe à cou noir. Je me rends compte que j'ai la coche de toutes les espèces de grèbes du Paléarctique occidental…

Mais mon œil est tout de suite attiré par la ligne du dessous : les albatros ! Je n'ai jamais vu aucun albatros. Ni l'albatros à sourcils noirs, ni l'albatros à nez jaune, ni l'albatros à cape blanche, ni l'albatros hurleur. Pourtant, cet oiseau est pour moi associé, un petit matin de printemps – un 27 mars exactement –, à une exceptionnelle démonstration de folie ornithologique !

J'habitais alors encore dans ma jolie maison d'Erdeven, lieu-dit Kerdelam, petit écrin en lisière des dunes, à un kilomètre et demi de l'océan, et j'écrivais un livre extrêmement laborieux, pénible, ingrat sur les races de chevaux du monde, quand tout à coup la porte d'entrée claqua : déboulèrent Philippe et Yves Blat, un ornithologue morbihannais, à grand fracas de cris surexcités et de rires fous. Je descendis voir, intriguée.

Yves était pris d'une sorte de danse de Saint-Guy. Il bondissait dans la maison en moulinant des épaules, pantin à ressort tournoyant sur lui-même. M'attrapant au passage, il m'entraîna brusquement dans quelques voltes avant de m'embrasser sur les joues, sans cesser de pousser des clameurs aiguës et de pirouetter comme un possédé. Philippe de son côté levait les bras au ciel – incantations destinées à quelque dieu secret – puis se prenait la tête dans les mains, un sourire extatique sur les lèvres.

« Mais que vous arrive-t-il ? demandai-je, à moitié rassurée.

– Un ALBATROS ! Un AL-BA-TROS ! On a vu un ALBATROS ! »

De gros yeux pétillants roulaient dans les orbites des ornithologues, tandis que des rires déments résonnaient en écho dans leur gorge. Je n'ai jamais revu, depuis, deux êtres dans un tel état de transe. Les albatros à sourcils noirs sont d'immenses oiseaux dont l'envergure dépasse les deux mètres, en provenance de l'Atlantique Sud. Leurs grandes ailes leur permettent de planer au gré des vents, mais ces derniers ne les mènent presque jamais jusqu'en France, et encore moins jusqu'à Quiberon, lieu davantage fréquenté par les touristes parisiens que par les grands planeurs pélagiques.

« Un albatros ? répétai-je en reculant un peu, incrédule, n'ayant aucune envie de me faire de nouveau embarquer dans une valse infernale.

– Un AL-BA-TROS ! répétèrent-ils en se regardant et en éclatant de rire.

– Ici, dans le Morbihan ?

– À Quiberon ! À la pointe du Vivier ! »

Ils s'y rendaient quelquefois faire du *sea-watching*, austère discipline ornithologique qui consiste à observer à la longue-vue les oiseaux qui passent en mer, notamment au cours de la migration d'automne – labbe parasite, sternes caugek et pierregarin, guillemot de Troïl, pingouin torda, océanite tempête – mais parfois, comme c'était le cas ce jour-là, lors de la migration de printemps, puffin des Anglais, fou de Bassan, macreuse noire, etc.

Voir un albatros à Quiberon était des plus improbable, d'autant que Philippe, qui avait « seawatché » dans les sites de migration les plus intéressants de France – cap Gris-Nez, digue de Calais, sémaphore de Brignogan, etc. – et du monde, ne cessait de répéter que « la pointe du Vivier, c'est vraiment un site nul ».

Il fallut un certain temps pour que la fatigue les calme et qu'ils s'affalent sur une chaise, un sourire béat aux lèvres, les yeux dans le vague, comme des amoureux comblés, au sommet de la déraison. Je les laissais dans leur flottement extatique tout en leur préparant une Ricoré.

« Ça s'est passé comment ? »

Les deux compères se regardèrent avec malice.

« Tu racontes ?

– Non, vas-y toi !

– Bon alors je raconte, commença Yves. Nous étions à la pointe du Vivier, à se faire chier.

– Comme toujours au Vivier, précisa Philippe.

– Ah non, protesta Yves, Morbihannais des plus chauvins, tu ne vas plus pouvoir critiquer le Vivier à présent ! C'est fini ! »

Ce matin-là, en embuscade sur les cailloux de la pointe de Quiberon, armés de leurs longues-vues, enchaînés à leur passion, ils avaient attendu des heures dans le froid, camarades des mouettes et des marins de passage, ouvriers patients de l'ornithologie, à compter les oiseaux de mer sans grand intérêt qui passaient au Vivier, quand soudain un énorme oiseau blanc planant sur les vagues grises avait attiré leur regard, serrant leur cœur dans un étau. Jamais ils n'avaient imaginé rencontrer, pauvres humains posés sur ce coin de terre, un oiseau venu tout droit des lointaines mers australes !

Ils avaient observé un albatros à sourcils noirs, aussi imprévu dans les eaux morbihannaises qu'un toucan en plein Paris. Et c'est pour cela que vivent les ornithologues, pour cet amour donné parfois, de façon aléatoire et inattendue, après des jours ou des années d'attente ingrate, par je ne sais quel dieu des oiseaux qui consent d'un coup, magnanime, à ne pas faire patienter leur folie plus longtemps. Que leurs femmes leur pardonnent de ne rentrer à la maison qu'à la nuit ! Jamais je n'ai provoqué chez un homme une frénésie aussi fameuse que celle que cet albatros déclencha ce jour-là.

Je ne suis, pour ma part, pas près d'en voir un. Tandis que les gars remontent dans le camion, je ferme la liste, les mots de Baudelaire, que j'avais appris par cœur dans l'enfance, résonnant dans ma mémoire :

Souvent, pour s'amuser, les hommes d'équipage
Prennent des albatros, vastes oiseaux des mers,

Qui suivent, indolents compagnons de voyage,
Le navire glissant sur les gouffres amers.

L'océan, le désert : il est bien des similitudes entre ces étendues invivables pour l'homme, qui en ont englouti plus d'un, causes de bien des pleurs dans tant de foyers, et pourtant si fascinantes. Naviguer sur la mer ou dans le Gobi n'est pas sans complication. C'est ainsi que les camions roulent pendant quelques kilomètres sans encombre, jusqu'à ce qu'à nouveau l'un des moteurs fume, en surchauffe. Il faut encore s'arrêter. Durant cette pause, Galaa grimpe sur le toit de son véhicule, muni de cordages, se lançant dans je ne sais quelle opération énigmatique. Sans doute est-il préférable que nous ne comprenions pas la langue mongole, ni la mécanique occulte des camions russes.

Nous sommes soucieux. Cette fois, je sors me dégourdir les jambes. J'observe le sol du Gobi, à la recherche d'insectes. Quelques rares gouttes de pluie ont dû tomber sur une zone de terre brune, sèche et poussiéreuse, car elles y ont formé de minuscules cratères épars qui évoquent la surface de la Lune. De quand datent ces traces furtives d'eau ? Quelques jours ? Quelques semaines ? Davantage ?

« Mais qu'est-ce qu'il trafique ? demande Pierre en désignant Galaa du menton.

– Lui seul le sait », répond Philippe, perplexe.

Ces attentes n'ont rien de très rassurant et ces

moteurs nous semblent d'un coup bien fragiles. Nous ne sommes que peu de chose, pauvres humains en expédition dans un désert immense, et le souvenir de notre implacable finitude commence à poindre. Des scénarios catastrophes plus ou moins élaborés fomentent dans les méandres secrets de nos âmes, mais Terbish garde son imperturbable sourire. Vive les Mongols ! Comme ils sont zen et heureux, comparés à nous. Les nomades sans maison sont chez eux partout, dans tous les paysages de leur vie, dans tous leurs beaux voyages, accompagnés des chevaux et du vent. Et même si Terbish possède un appartement à Oulan-Bator, il se sent chez lui où qu'il aille en terre mongole, sous le soleil de midi comme dans la nuit noire, dans la steppe, les montagnes, les forêts, le désert. Nous, Occidentaux infantilisés, assistés, engourdis, avons peur de tout.

Nous repartons, encore une fois, et cheminons dans le sable et les pierres, plus doucement, sans que les camions montrent de nouveaux signes de faiblesse.

« *Look !* nous dit Terbish en désignant une zone rocheuse qui se rapproche de nous. *Sharl Khuls !* »

Voici enfin l'oasis du désert, ce territoire de l'ours de Gobi, de la panthère des neiges, des peupliers du désert et d'une mystérieuse fauvette.

À mesure que la distance se réduit, nous distinguons des zones vertes tranchant le décor minéral, qui se transforment en feuillage, en troncs, en arbres !

« Regardez ça, s'écrie Philippe, les yeux parcourus d'éclairs bleus, ce sont les peupliers du désert ! *Populus euphraticus* ! Regardez leur tronc énorme ! C'est fou ! Ils poussent là, en plein désert ! »

Pour ma part, l'idée de me trouver, une fois de plus dans ma vie, à proximité d'ours – et qui plus est de grands félins – me préoccupe davantage que ces étonnants peupliers des sables. Pourtant, je sais que nous n'avons aucune chance d'en voir. Ce serait déjà fou d'apercevoir une panthère des neiges. Nous pouvons seulement espérer trouver des traces. Et encore, même cela n'est pas sûr !

Il fait désormais très chaud, et c'est avec une certaine fatigue que nous rallions l'oasis et commençons à décharger les sacs et les tentes. Sharl Khuls ne ressemble pas vraiment à ce que j'imaginais. Pour certains, le mot « oasis » évoque les palmiers luxuriants du Moyen-Orient, les dattes fondantes et poisseuses, l'abondance et l'ombre fraîche, des thés verts à la menthe, brûlants et parfumés, des gâteaux de cornes de gazelle à l'amande et à la fleur d'oranger, poudrés de sucre glace. Pour moi, il me rappelle ma petite jument blanche de Camargue – Olympe du Lys de son aristocratique nom, rebaptisée Oasis par le gardian qui me l'a vendue –, petite beauté animale au cœur bon et à l'âme pure, à la crinière aussi sauvage et ébouriffée que celle des poneys mongols. L'oasis de Sharl Khuls n'a rien à voir avec tout cela. À l'image du désert implacable qui l'a fait naître, elle est austère et inhospitalière, et – bon sang – bourrée de tiques et de taons !

Les premières essaient de se faufiler dans les tentes que nous sommes en train de monter, tandis que les autres nous attaquent sournoisement par les airs. Toute oasis qu'elle soit, Sharl Khuls aime, semble-t-il, la chair fraîche, et notre arrivée ne passe pas inaperçue aux parasites affamés du coin ! Nous trouvons aussi un drôle d'orthoptère du désert, pansu, muni de grandes pattes, et lui aussi couleur sable – la mode locale n'est pas variée ! Au moins, cette créature vraisemblablement végétarienne ne semble guère désireuse de se repaître de notre sang, ce qui me la rend presque sympathique.

Un événement surpasse cependant tous les autres : dans une oasis, on trouve souvent un tout petit peu d'eau, ce qui signifie qu'après plusieurs jours sans pouvoir nous laver, une douche se prépare ! Douche est peut-être un mot un peu ambitieux. Galaa et Myangaa montent en réalité une étroite tente blanche, sur laquelle ils posent un gros sac d'eau froide, relié à un maigre pommeau de douche de camping, qui nous arrose d'un filet de grosses gouttes. Il faut partager ce sac d'eau en onze personnes, ce qui signifie faire sa toilette complète (et se laver les cheveux) avec l'équivalent d'environ un litre et demi par personne.

Contrairement à ce que nous pourrions croire,

Occidentaux gaspilleurs et surconsommateurs, gâtés et corrompus d'abondance, c'est non seulement parfaitement possible, mais la douche de Sharl Khuls restera pour toujours, dans ma mémoire, comme l'un des bonheurs les plus cléments que j'aie vécus. Alors que je suis nue dans la tente blanche, cette eau rare qui coule sur mon corps, traçant des rigoles de poussière, m'est aussi fraîche et pure qu'un torrent de montagne. Mon cuir chevelu incrusté de sable absorbe l'eau avec l'avidité d'une terre desséchée. Seule mon épaule me révèle le large bleu marbré et violacé qu'ont provoqué, au cours de la journée, les chocs répétés contre la portière, à chaque soubresaut de la route. Mais personne n'en saura rien.

Sortant de là aussi fière et propre qu'Aphrodite naissant des eaux, régénérée, le cœur en été, les cheveux ruisselant de plaisir, j'aime déjà Shark Khuls comme mon pays secret, celui que si peu d'hommes ont foulé, cet ailleurs inaccessible, inoubliable. Débordante d'enthousiasme emphatique tel Ulysse retrouvant sa terre après mille tourments, je ne tarde pas de constater que cette toilette glorieuse et inespérée recèle néanmoins un inconvénient de taille : celui de me rendre encore plus appétissante pour les taons. Avec ma propension à développer des boutons déconcertants face aux insectes inconnus de mon épiderme, j'essaie d'éviter au mieux l'assaut des taons du Gobi, sous-espèce sans doute différente des nôtres. Je ne tiens nullement à m'instruire des propriétés potentiellement allergènes de leur salive et de leur dard brutal !

« On n'est pas bien ici ? » s'écrie Pierre, hilare à l'idée de pouvoir se laver, tandis que Zoulaa et Tsevgee dressent déjà leur campement de cuisine. Le soir venu, elles y prépareront du riz et de la viande dure de vache de la steppe – dont, à ce stade du voyage, la perspective nous régale et nous fait saliver comme s'il s'agissait d'un ragoût de homard aux petits légumes, patates confites et beurre demi-sel tel que nous pouvons en déguster chez nous, en Bretagne, sur l'île de Sein. Toute expérience de dépouillement et de simplification de la vie, tout côtoiement de la frugalité des autres peuples apprend à apprécier pleinement les choses élémentaires et à mieux se rendre compte du luxe et de l'opulence extraordinaires dans lesquels vivent les classes moyennes occidentales.

Sous un ciel où s'égarent quelques rares nuages, Sharl Khuls est brune, grise, jaune et verte. L'oasis est entourée de collines rocheuses, et la végétation pousse au creux de ces remparts de pierre. Un monticule de sable et de cailloux, en forme de dôme, m'attire l'œil : une porte en bois mongole, décorée de motifs bleus, s'ouvre sur une yourte en dur. Elle sert aux gardes du parc du Gobi A, quand ils viennent jusqu'ici pour étudier l'ours et les autres animaux et plantes du désert.

J'entre avec bonheur dans ce refuge contre les

taons. Myangaa y est déjà assis, dans une semi-pénombre, content de se délasser les jambes après cette rude journée de conduite. La yourte est presque cossue ! Les poutres intérieures ont été peintes d'un bel orange vif, et le sol recouvert d'un tapis rouge. Une table sommaire fait office de bureau, au-dessus de laquelle une étroite étagère bleue a été creusée et incrustée à même la roche. Elle est ornée de trois photos du quatorzième dalaï-lama, Tenzin Gyatso, d'un bougeoir pourvu de deux bougies blanches, d'un stylo Bic, d'une corne de gazelle et d'un vase noir.

La peau propre et hydratée, mes cheveux séchant en boucles sauvages dans la chaleur du désert, dans cette yourte de terre presque douillette, avec Myangaa sereinement silencieux, souriant et détendu et les amis qui tournicotent dehors en attendant leur tour de douche, je ressens un profond sentiment de bien-être et de gratitude. Enfin un modeste chez-soi, un refuge bienveillant et doux au milieu du désert !

J'étire mon dos encore un peu endolori par la route, les muscles bienheureux de se relâcher, quand tout à coup, je sens quelque chose sur ma cuisse. Peinant à réaliser ce que je vois, je reste figée, incapable de réagir : une tique géante vient de tomber du plafond. Puis une seconde, puis trois, puis dix ! C'est un nid à tiques ! Une de ces féroces créatures enfin me tombe dans les cheveux, achevant de me sortir de ma torpeur incrédule. Je bondis violemment hors de ce piège en éructant des protestations rageuses et indignées, décampant sous les rires de Myangaa, qui n'a pas besoin de comprendre le français pour saisir tout ce que je raconte, et qui ne tarde pas non plus à déguerpir de là en époussetant énergiquement ses vêtements.

Ne croyez pas au réconfort dans un désert. Ici comme ailleurs, tout n'est que mirage.

Chapitre 9

La fauvette du désert

Puisque nous ne pouvons sérieusement espérer observer l'ours de Gobi, et puisque la panthère des neiges – que Terbish et Nyambayar n'ont vue que deux fois dans leur vie – semble presque aussi inaccessible, il faut nous rappeler l'une des principales raisons de notre venue au cœur de ce désert, dans cette oasis ignorée de tous : la recherche d'une fauvette mystérieuse, qui se cache dans la végétation de Sharl Khuls. Et si mon esprit a été vivement distrait par les tiques, les taons, ma douche, une barre de céréales attrapée au fond de mon sac et les perspectives culinaires de la soirée, celui de Philippe, lui, n'a pas oublié une seule seconde la raison de sa présence au cœur de ce désert : un petit oiseau d'une douzaine de centimètres qui volète à quelques pas d'ici.

Il reste encore un peu de temps avant que le soir ne tombe. Il a l'intention d'aller chercher la fauvette maintenant, et demain matin tôt, pour en faire un maximum de photos et enregistrer ses vocalises – il voudrait envoyer tout un dossier sur le sujet à Lars Svensson, ornithologue suédois, grand spécialiste des fauvettes. Il jette un coup d'œil impatient au groupe, meute humaine désordonnée, où chacun s'affaire à des activités pour l'heure dérisoires : fourrager dans un sac, manger un biscuit sec, chercher à boire.

« C'est bon ? Vous êtes prêts ? On peut y aller ? » demande-t-il d'un ton qui peine à masquer une légère crispation.

Son impatience à explorer l'oasis est d'autant plus ardente que Nyambayar, lui, ne nous attend pas. Une casquette bleu clair vissée sur le crâne, vêtu d'un tee-shirt à rayures, d'un bermuda à carreaux, et portant des chaussettes dans ses sandales, le naturaliste mongol a déjà promptement descendu la douce pente sableuse qui mène de notre camp à la peupleraie, suivi d'un Terbish trottinant. Pierre et les deux Matthieu se hâtent de les rejoindre, et voyant tout ce petit monde me distancer, je fourre, pour gagner du temps, mes lacets dans mes chaussures sans prendre le temps de les nouer, et leur cours après pour ne pas risquer de perdre une miette de la découverte de Sharl Khuls.

Nyambayar connaît l'oasis comme sa poche : il nous emmène tout droit à une placette d'alimentation où les scientifiques mongols donnent de la nourriture aux ours en hiver, ce qui permet de mieux les étudier. Il relève le piège photo posé là, qui se déclenche automatiquement au moindre passage animal, grâce à un détecteur de mouvements, et nous explique, via la traduction mongol/anglais de Terbish, qu'aucun ours n'a été vu à cet endroit depuis un mois. Il nous montre cependant de vieilles crottes sèches, et sans doute des traces anciennes presque complètement effacées par les vents.

Même si elle n'a rien de semblable aux oasis rêvées des *Mille et Une Nuits*, Sharl Khuls, passé un premier abord ingrat et hostile, n'en est pas moins merveilleuse, écrin de vie explosant en plein désert. Les oiseaux chantent, un beau mâle de pie-grièche isabelle se laisse observer en haut d'un arbuste. Des papillons volent légèrement de buisson en buisson, ici un petit argus bleuté, là un machaon éclatant de soleil, se posant sur de fragiles fleurs roses et jaune citron et sur des feuilles vertes comme nous n'en avons plus croisé depuis des jours. La vie, si puissante, si fragile aussi, capable de naître ainsi au cœur du cœur du minéral juste parce qu'un peu d'eau a eu la bonne idée de jaillir là !

Très ému, Philippe ne tarde pas à pister et à découvrir, dans le milieu le plus luxuriant de l'oasis, une première fauvette babillarde du désert : il m'appelle fébrilement pour que je la prenne en photo. Cet humble oiseau ne ressemble à rien. Qui pourrait croire que nous venons de traverser la moitié du monde et la moitié du Gobi pour cette petite chose grise, beige et brune, au bec foncé, à l'œil noir, aux pattes graciles, à la queue pointue, qui sautille de branche en branche en nous jetant un coup d'œil curieux ?

« Arrête de faire clic clic avec le déclencheur de ton Canon, me chuchote-t-il, je vais essayer de l'enregistrer ! »

Toute vocalise de cette énigmatique fauvette l'intéresse : chant du mâle, cris de contact, pépiements en tout genre… Il rayonne de bonheur, de curiosité, tous les sens à l'affût.

Son chapeau beige vissé sur la tête, un chèche noir et blanc rapporté de Jordanie autour du cou, une chemise beige, un gilet à poches gris foncé, des appareils photo pendant à sa ceinture, il tient son enregistreur pointé dans les airs pendant de longues minutes.

Une seconde fauvette apparaît, puis une autre, et encore une autre. Nous observons un peu partout leurs petites ombres furtives dans les branches. Au bout de quelques centaines de photos et de dizaines d'enregistrements, enfin satisfait, Philippe dicte quelques notes orales :

« Dans le désert de Gobi, au milieu de nulle part, dans des habitats extrêmement secs, nous avons trouvé une population de fauvette babillarde du désert, très bien adaptée à ne vivre que dans de petites oasis, voire des buissons rabougris, et parfois avec une densité incroyable. »

« À Sharl Khuls, il y a des chanteurs partout !

Les photos et les enregistrements des chants

seront soumis à Lars Svensson, spécialiste suédois de la fauvette babillarde.

Il s'agit de la sous-espèce *telegentica* de *Sylvia curruca*, sous-espèce jusqu'alors peu différenciée mais qui, selon Lars, est finalement une bonne sous-espèce (ou espèce ?), proche vraisemblablement de *margelanica*.

C'est sans doute la première fois que le chant de cette population vivant dans l'un des endroits les plus reculés du monde est enregistré. »

Une fois son discours ornithologique prononcé, il clôt l'enregistrement et me décoche un sourire radieux. Pour 99,99 % de l'humanité, cet événement – l'étude de ce petit oiseau – serait totalement dénué d'intérêt. Qui sait à quoi ressemble une fauvette, qui plus est babillarde, qui plus est du désert ? Mais pour Philippe, le moment est tout simplement historique.

Le soleil décline sur Sharl Khuls tandis que mon estomac gargouille. L'heure tant attendue du dîner arrive enfin et nous sortons du couvert boisé de l'oasis en époussetant de nos vêtements quelques tiques voraces, en direction du camp.

Tandis que je remonte gaiement la pente sableuse qui nous ramène près des tentes, mon lacet se détache et roule traîtreusement sous ma chaussure, je perds l'équilibre et manque de tomber, reprenant ma stabilité par de grands moulinets des bras frappant les airs.

« À ne pas nouer tes lacets, se moque Philippe, tu vas vraiment finir par t'affaler de tout ton long. »

On ne pense pas assez à toutes les chutes qu'on évite, au cours d'une vie, à tous les gouffres auprès desquels on rampe, tous ces manquements à la verticalité… Il y a une quinzaine d'années, tandis que nous observions planer dans le ciel une buse féroce – *Buteo rufinus* –, j'ai ainsi failli tomber d'une tour du Krak des Chevaliers, en Syrie, sous l'œil effaré d'un ami rapaçologue, bien avant que l'immense château fort ne soit récupéré comme place forte par Daesh. Glissant et perdant l'équilibre, j'avais vu le moment où mon corps allait basculer dans le vide, ce monument historique remarquable ne possédant nulle rambarde à touristes – il faut dire que l'édifice a été conçu pour des chevaliers, et non pour des acrobates dans mon genre. Ayant repris mon équilibre, je réplique :

« Oh, question chutes, tu n'es pas le mieux placé pour me faire la leçon, vu le nombre de fois où tu te prends les pieds dans des ronces ou des pierres à force de regarder le ciel !

– Tu aurais moins fait la maligne avec tes chaussures quand on cherchait le tétraogalle du Caucase… », rajoute-t-il malicieusement.

Le tétraogalle du Caucase ! Moi non plus, je ne peux pas penser à cet oiseau sans sourire… Personne n'a la moindre idée de ce à quoi il ressemble, et la plupart des Occidentaux ne sauraient peut-être même pas situer le Caucase sur une carte. Je n'en avais pas la moindre idée non plus jusqu'à ce que je suive encore une fois une bande d'ornithologues fous furieux en haut de cette impressionnante chaîne de montagnes qu'est le Caucase, quelque part en Géorgie, un petit pays situé entre l'Europe et l'Asie, bordé à l'ouest par la mer Noire, au nord par la Russie.

J'ai encore du mal à croire à toutes les pérégrinations nécessaires pour parvenir à voir ce satané volatile, sorte de grosse perdrix montagnarde, plutôt rare, qui se complaît à vivre au milieu des cailloux des sommets d'une des chaînes de montagnes les plus hautes du monde.

Rallier le Caucase géorgien est déjà, en soi, toute une aventure. Il faut passer par Istanbul, puis prendre un vieux Tupolev gris, sorte de boîte de conserve volante datant de l'époque soviétique, dont la capacité à se déplacer dans les airs tient du miracle. Cet avion inquiétant nous a amenés jusqu'à Tbilissi, capitale de la Géorgie, un petit État que les Russes veulent régulièrement annexer – ils n'ont d'ailleurs pas manqué de s'y essayer quelques semaines après notre retour en France.

De Tbilissi, nous avons rejoint les contreforts du massif et retrouvé Irakli, un jeune et gaillard guide de montagne géorgien, pourvu, telle une Sainte Vierge orthodoxe, d'un nez conséquent et de grands yeux noirs aux paupières très tombantes, comme la plupart de ses congénères caucasiens. Il nous conduisit au bas d'une immense montagne grise, tout en haut de laquelle, jurait-il, nous pourrions observer cet oiseau fabuleux dans l'esprit des ornithologues : le tétraogalle du Caucase.

Je déteste la montagne, je déteste l'effort physique intense. Il me fallut pourtant, cuisante épreuve, grimper une journée entière dans une pente raide, les cailloux roulant sous mes pieds, transpirante, violacée, le cœur au bord de l'explosion, jusqu'à atteindre les 2 850 mètres d'altitude.

J'avais beau m'être entraînée pendant des mois, à Pontoise où je vivais alors, à grimper et à regrimper toutes les marches ornées de déjections canines de la pentue rue de l'Éperon en prévision de l'expédition montagnarde et de ce fichu tétraogalle, j'avais le sentiment de n'avoir pas la moindre endurance et aucune préparation.

J'étais évidemment, cette fois encore, la seule femme du groupe, et de loin la plus lente : les ornithologues filaient à toute vitesse dans la pente, portés par un enthousiasme et des poumons que je leur enviais. Il faut croire qu'ils avaient oublié jusqu'à mon existence, grisés par les oiseaux d'altitude qu'ils n'avaient jamais vus : rougequeue de Güldenstädt, pouillot de Lorenz.

Seul Irakli, par peur sans doute de me perdre en chemin et de faire l'objet d'un fait divers qui encombrerait sa carrière de guide, m'attendait, marchant doucement devant moi en me jetant un coup d'œil compatissant de temps à autre. Je pensais à ces chiens de berger qui freinent avec peine leur course et leur entrain jusqu'à être rejoints par leur maître. Ce jeune Géorgien avait par chance relevé son pantalon aux genoux, découvrant de forts beaux mollets, musclés mais pas trop, poilus mais pas trop, bronzés mais pas trop, qui contribuèrent à me motiver à avancer stoïquement. Sans quoi j'aurais sûrement été intimement persuadée de ma mort prochaine, et aurais abandonné la montée à mi-chemin, suppliant qu'on m'enterre là.

Dans la vie, la présence d'une personne attirante dans un contexte difficile aide presque invariablement à accomplir de grandes choses et à prendre sur soi bien au-delà de ce qu'on aurait pu imaginer. Quand des événements mémorables surviennent, ce n'est jamais gratuit : il y a toujours une personne dont le héros cherche le regard, espère l'approbation.

Cela marche aussi dans le quotidien : une attente ennuyeuse sur un quai de gare se transforme en moment bien trop court si une personne attrayante vient s'asseoir près de nous et a la bonté suprême d'échanger quelques banalités souriantes, laissant apparaître l'espace d'un instant un avenir peut-être différent, un rêve d'ailleurs presque possible.

Même si les mollets d'Irakli firent merveille, nous n'avions aucune certitude de découvrir notre tétraogalle, d'autant qu'une brume grise et opaque venait de tomber sur les montagnes, ne nous laissant plus qu'une visibilité de quelques mètres, ce qui n'allait pas nous faciliter la tâche pour trouver cet oiseau réputé discret.

L'animal appartient à la famille des Phasianidés, comme les faisans, les paons, les perdrix. C'est, en somme, un gallinacé d'altitude. Il existe plusieurs espèces de tétraogalles, mais tous ont pour spécificité de vivre en haute montagne : tétraogalle de l'Himalaya, du Tibet, de l'Altaï, de Perse. Et donc, le tétraogalle du Caucase, oiseau plutôt rebondi, au plumage mordoré comme une perdrix, la tête à moitié blanche, qui se nourrit de végétaux dénichés des pentes abruptes.

Une fois nos 2 850 mètres enfin atteints, au terme de souffrances physiques que moi seule semblais déplorer, Irakli nous présenta avec satisfaction le lieu de notre campement : il fallait dresser les tentes sur un sol extrêmement dur, à même la caillasse où rien ne pousse. Il aurait été trop lourd de monter des matelas, si bien que nous allions nous contenter d'un fin tapis de mousse, seul rempart entre le Caucase tout entier et notre petit dos.

Pour fêter la fin de notre pénible et brumeuse ascension, Irakli sortit de son sac une gourde en aluminium, nous distribua des gobelets et les remplit à ras bord d'un alcool de cerise de nature à réveiller les morts, tandis que le brouillard se levait enfin, découvrant les somptueux sommets caucasiens aux neiges éternelles et scintillantes, dont nous n'avions encore rien vu.

Je ne bus pas et observai mes compagnons d'aventure, ragaillardis par la liqueur, partir, peu convaincus, en quête du fameux volatile. Je ne connais pas les effets de l'éthanol sur le cerveau passé une certaine altitude, quand l'oxygène se fait rare, mais certains d'entre eux marchaient légèrement en zigzag et riaient bruyamment, ce qui me plongea dans une perplexité soucieuse, compte tenu du lieu pour le moins escarpé où nous nous tenions. Ils ne trouvèrent rien, et Philippe, un peu sonné par son breuvage, fila se coucher. Je ne tardai pas à le rejoindre sous la tente, m'apprêtant à passer une des nuits les plus étranges de ma vie, les cailloux pointus du Caucase ne laissant aucun répit à mon pauvre corps endolori, l'air rare me plongeant dans un demi-sommeil agité, entrecoupé de rêves inquiets aux couleurs psychédéliques. J'aurais peut-être dû boire de même l'alcool de cerise pour oublier le temps d'une nuit l'immensité montagnarde dense et implacable qui me cernait, moi, audacieuse petite créature osant m'aventurer sur l'un des sommets du grand Caucase...

Le lendemain, la brume avait complètement disparu, laissant place à ces ciels bleu foncé et profonds, un peu oppressants, qu'on trouve en haute montagne.

Après un petit-déjeuner sommaire et une toilette inexistante, nous partîmes de nouveau à la recherche du fameux tétraogalle, contournant un amoncellement de rochers sombres, quand le chemin devint soudain très étroit. Brusquement, devant moi, voilà que s'ouvrait le plus spectaculaire et terrifiant précipice qu'il m'ait jamais été donné de voir et auquel je ne peux repenser sans frémir. Le vide semblait se prolonger entre les montagnes sur des kilomètres, dans des tréfonds obscurs qui menaient sans aucun doute jusqu'au cœur de la Terre.

Instantanément, un vertige abyssal me saisit. Je tombai à quatre pattes, foudroyée. Incapable de me tenir debout, ni d'avancer, ni de reculer, tétanisée par la peur. Mes mains se cramponnaient à quelques rares herbes. Comme à leur habitude, mes compagnons ornithologues ne m'attendaient pas, absorbés par leur quête du tétraogalle, dont ils avaient trouvé une crotte, bien plus importante à leurs yeux que la fille terrifiée qui haletait d'angoisse derrière eux. Me voyant ainsi abandonnée en plein Caucase, le long de ce monstrueux précipice, j'avançais péniblement de quelques centimètres, à quatre pattes, pour les suivre.

« Ne regarde pas en bas ! » me dit quelqu'un, au loin…

Le genre de conseil qui ne sert à rien quand vous êtes pris de vertige, et qui vous fait maudire pour toujours celui qui le prononce. Évidemment que je ne baissais pas mon regard, sous peine de mourir anéantie de frayeur. Les personnes qui ont le vertige ne regardent pas *spécialement* en bas, le peu qu'ils ont aperçu leur suffit ! À ce moment précis, je me souvins pourquoi je détestais la montagne. Pas tant à cause des pentes sans fin, vrillant le cœur à la montée et les genoux à la descente. Mais à cause du vide, sur lequel, en altitude, on finit toujours, à un moment ou un autre, par tomber.

Ce vide… Acrophobie, peur des hauteurs, vertige. Non seulement je déteste entrevoir l'abîme, mais regarder les autres marcher gaiement le long d'un gouffre me rend littéralement malade pour eux. À quatre pattes sur ce sentier, un précipice sans fin sur ma gauche, tout le corps en alerte, le cerveau en ébullition, le sentiment de la solitude absolue de ma condition humaine touchait sans doute à son paroxysme.

Chacun sait plus ou moins, dans la vie, qu'au fond nous sommes toujours seuls. Seuls face aux chagrins, aux ruptures. Seuls face à la douleur, seuls face aux questions sans réponse. Seuls devant les autres vertiges auxquels la vie nous confronte sans cesse : la mort, la naissance, la perte, l'amour. Seuls aussi face à la liberté. Seuls dans nos choix, seuls dans nos renoncements. Nous le savons, mais essayons la plupart du temps de l'oublier. Nous cherchons du soutien auprès de proches, un conjoint, un père, une sœur, un ami, un chien, qui tant bien que mal essaie de nous faire oublier un instant notre solitude, afin peut-être de l'oublier lui-même. Leur empathie, au fond, ne fait que nous dire : « Oui tu es seul, bien sûr que tu es seul, mais tu n'es pas tout seul à être seul, je suis seul aussi. Je partage ta solitude, je connais ton désarroi. » Alors nous nous efforçons de le croire, d'oublier un peu la vérité : je ne suis pas seule, pas vraiment seule, il y a les autres, ils me « soutiennent ».

À 2 850 mètres d'altitude, à quelques pas d'une crotte de tétraogalle du Caucase, un précipice au fond noir et aux bords escarpés s'ouvrant béant devant moi terrassée de vertige, il fallait pourtant se rendre à l'évidence : personne ne me « soutenait ».

Face à la vie, face au vide, il n'y a qu'en soi-même qu'on parvient à trouver le courage d'avancer, la force de grappiller centimètre après centimètre sur sa peur, les dents serrées. J'avançai ainsi jusqu'à apercevoir de nouveau Philippe, ou plutôt son postérieur, car lui aussi était à quatre pattes, mais pas pour les mêmes raisons : il était à l'affût.

« Y en a deux, là… Juste devant », murmura-t-il.

J'avançai encore péniblement de plusieurs mètres, la sueur coulant le long de mes tempes, tremblante et la mâchoire crispée, cherchant à oublier la violente omniprésence du vide. En effet, deux tétraogalles du Caucase étaient tapis dans l'herbe, gros oiseaux montagnards aux couleurs gris-beige, se fondant parfaitement au sein de leur environnement. Si bien qu'on aurait pu aisément passer à côté d'eux sans les voir. Nous ayant sans doute aperçus, ils se levèrent doucement, avançant discrètement, tranquillement, paisiblement le long du ravin…

Ils marchaient contre la paroi rocheuse, surplombant le précipice, leurs petites pattes griffues s'accrochant nonchalamment aux cailloux, jetant un coup d'œil ici et là sous leurs pieds pour voir si la falaise ne recèlerait pas une petite graine à picorer. Les oiseaux n'ont-ils donc jamais le vertige ? Même quand ils doivent apprendre à voler, se lançant dans l'inconnu, au-dessus du nid ? Dire que sur cette Terre, il y a des êtres qui vivent en permanence au bord du gouffre, taquinant l'abîme, se jouant du danger…

Peut-être qu'au fond c'est ce que nous faisons tous les jours. Certains, conscients et terrorisés, un brin pathétiques, vivent leur vie cramponnés au bord du ravin de l'existence, avançant centimètre par centimètre, la trouille au ventre de voir ceux qu'ils aiment y déraper, la peur d'être pris eux-mêmes de l'envie suicidaire de s'y jeter. D'autres au contraire oublient le risque, le provoquent, et avancent le long des à-pics de la vie, inconscients, se jouant des périls, prêts à chuter à chaque pas. Quelques-uns seulement, plus rares, éprouvent sereinement la présence constante et inévitable de l'abîme, sans la nier, sans la provoquer, sans en avoir peur, dans l'acceptation tranquille de quelque chose faisant intégralement partie de leur quotidien : ce néant auquel ils peuvent retourner à chaque instant. Avec cette démarche paisible et sage d'un oiseau de haute montagne, d'aucuns, en somme, sans le savoir, sont des tétraogalles du Caucase.

Cet oiseau, pour moi associé pour toujours à la peur du vide, m'évoque une réflexion du psychanalyste Philippe Grimbert : « Si nous avons peur, c'est parce qu'à force de vivre et de donner de l'importance à ce que nous vivons, nous avons oublié que nous venions d'abord de rien, donc de la mort. Gardons à l'esprit l'idée que ce néant, nous en avons déjà fait l'expérience, bien avant celle de l'existence. »

Chute en nous-mêmes, fascination trouble pour le vide, prémonition de finir happés par le néant : peut-être est-ce cela, le vrai sens du vertige – la reconnaissance fugace et déstabilisante de ce vers quoi tôt ou tard nous devons inévitablement retourner.

« Tu ne parles plus, me dit Philippe, arrivé au camp. C'est le tétraogalle qui te plonge dans une telle réflexion ?

– Vous aviez quand même failli m'abandonner au bord du précipice !

– Eh bien, tu as la coche, au moins ! Tout le monde n'a pas vu le tétraogalle du Caucase !

– Au pluriel, on dit des tétraogalles ou des tétraogaux ?

– Mais non, des tétraogalles enfin, répond Philippe.

– Avec un mot pareil, rigole Pierre, on peut bien dire ce qu'on veut, personne ne le connaît ! »

Boulettes de viande dure, riz tendre, Zoulaa et Tsevgee sont enjouées, elles aussi ont apprécié la douche réconfortante, et j'accueille ce sommaire repas le cœur rempli de gratitude.

« Tiens, un grillon dans ma boulette de viande », constate stoïquement Matthieu Thayer, qui, s'il a parfois accepté, depuis le début du voyage, de manger quelques moucherons dans sa salade, n'est pas encore tout à fait prêt à des expériences culinaires de plus grande envergure.

« Il est pris par une patte », précise-t-il d'un ton détaché.

La situation me provoque un irrépressible fou rire.

« Terbish a dû lui aussi trouver quelque chose, il vient de jeter un truc discrètement », indique Philippe.

Qu'importe ! Je mastique consciencieusement mon riz blanc sans beurre, qui me semble un régal absolu, dans le silence fatigué de cette fin de journée. Seul Philippe ne mange pas, la fourchette à la main, le regard vague, l'esprit songeur, totalement plongé dans une bulle d'émerveillement ornithologique :

« Vous vous rendez compte, cette fauvette qui vit là, au cœur du désert… Ce petit oiseau, quelques grammes, quelques plumes, inféodé à cette oasis… Fruit de millions d'années d'évolution, et qu'un rien suffirait à rayer de la surface du globe ! Et pourtant, si l'humanité disparaît un jour, à force de ne faire que des conneries, eh bien peut-être qu'elle, elle continuera de vivre ici, la fauvette babillarde du désert, bien cachée à Sharl Khuls, dans son écrin secret… »

Chapitre 10

Chinese vodka

Prise dans la torpeur de la digestion, j'entends, comme dans un rêve, Terbish discuter d'une expédition nocturne – un tour de nuit, en camion, aux alentours de Sharl Khuls. Le professeur d'herpétologie est surexcité : dans le désert qui borde l'oasis se trouve une espèce de lézard qu'il n'a jamais vue, qui ne sort qu'à la nuit tombée, et qu'il compte bien nous emmener chercher. Ce sera aussi l'occasion de distinguer, à la lumière des phares qui ferait briller leurs yeux et révélerait l'ombre de leur silhouette, s'il y a des mammifères qui traînent dans le coin, ours de Gobi ou panthère des neiges – soyons déraisonnables d'espérance ! Mais pour tenter de les découvrir, il faut attendre encore, le temps que la nuit soit davantage avancée, que l'obscurité soit totale : il fait trop jour pour qu'ils se montrent.

Pour le moment, le soleil lustre de ses derniers rayons le sable desséché du Gobi, nous plongeant dans un halo d'or qui fonce la couleur de notre peau, de nos yeux, de nos cheveux, et sans doute aussi de nos âmes, plongés que nous sommes dans l'ambre prégnant du couchant. Comme nous sommes bien, loin de tout, à des milliers de kilomètres de nos soucis ordinaires, à faire ce dont nous avons envie, épris de la beauté du monde, touchant du doigt les secrets de la vie ! Ce sentiment d'amour et de liberté m'enivre, me donne une sensation de puissance, d'ancrage et d'harmonie profonds avec le sol caillouteux et aride qui m'entoure.

La liberté ! Pourquoi les humains s'en privent-ils tant ? C'est une des questions qui me fascine le plus, et à laquelle je ne parviens pas à trouver de réponse satisfaisante. Pourquoi, au lieu de se laisser vivre les uns les autres, et être heureux, font-ils de leur famille, le plus souvent, un lieu de tyrannie, de contraintes, de reproches, comme si les liens du sang donnaient un quelconque pouvoir sur la destinée de l'autre ? Les liens du sang, la bonne blague ! Que reste-t-il de nos gènes, au bout de trois ou quatre générations, dans le grand brassage universel ? Je ne crois qu'aux liens du cœur, au temps heureux passé ensemble, aux souvenirs joyeux. S'il en existe au sein du foyer, tant mieux. Mais quelques similarités génétiques ne confèrent à mes yeux aucun droit à s'autoriser davantage de tyrannie, à tenter de priver l'autre de sa liberté et de son être profond, à insuffler du mal-être et des complications dans les relations, année après année.

Et *quid* du travail salarié, autre structure humaine ? Là encore, ils sont si rares, les chefs qui n'ont pas un problème avec leur pouvoir, si rares, les employés qui ne souffrent pas de leur assujettissement. Quels lieux de tourment, d'aliénation et de rapports complexes que les bureaux ! Comme la confiance et la liberté en sont si souvent absentes, chacun passant son temps à surveiller l'autre, à se comparer, à se couper de lui-même. Sans même parler du couple, si souvent oppressant, contrôlant... Tant de personnes cherchent, sous couvert de bonnes intentions, à nous mettre en cage. Et nous avons nous-mêmes vite tendance à nous fermer, à nous rogner les ailes.

Pour ma part, je fiche généralement la paix aux autres et j'aime, en réciprocité, qu'il en soit de même – ce qui n'est malheureusement pas toujours le cas. Aussi, dans le Gobi, je me sens bien : ici personne n'envahit mon espace, ne s'impose ni ne m'impose rien. Cet univers hostile me préserve. Dans le désert, avec mes amis mongols et mes amis ornithologues, je me sens libre, une liberté profonde et légère à la fois, comme je ne l'ai encore jamais ressentie.

J'évoque cette sensation exaltante avec Philippe qui termine de prendre diverses notes ornithologiques.

« Je te comprends, répond-il. Il y a longtemps que j'ai réalisé que c'est seulement en voyage que je me sens vraiment bien. Je n'ai plus d'inquiétude, je n'ai plus mal nulle part. Je pense que c'est parce que je suis coupé de mes soucis du quotidien, loin de tout.

– Pourquoi ? Est-ce une forme de fuite ? Ou bien a-t-on besoin de plus de liberté que les autres ?

– Peut-être les deux. Mais quand on est libre, les autres nous le reprochent. La liberté, pour ma part, je l'ai parfois cher payée. Seulement, je ne peux pas vivre autrement.

– Je crois aussi que plus on y goûte, plus c'est difficile d'y renoncer.

– Incontestablement…

– Mais allons-nous devenir encore plus réfractaires, après ce voyage dans le Gobi ? Après l'absolu du silence et de la liberté ? »

Philippe pose son carnet et regarde l'horizon de pierres et d'or du soir. Ses yeux bleus sont piquetés d'éclats brillants, et sa peau asséchée par le vent sauvage.

« Je crois, confie-t-il, que nous gardons en nous tous les voyages. Les jungles du Pantanal, les savanes d'Afrique, les forêts d'Estonie, les plages de sable sombre du Costa Rica, les bambouseraies géantes du Japon, les dizaines de pays où nous nous sommes rendus, tout ce que nous avons vu de par le monde, les oiseaux merveilleux, les mammifères fantastiques, les reptiles, les papillons, les mers et les océans de toutes les latitudes, les rivières que nous avons suivies, les embouchures de fleuves que nous avons explorées, les collines et les montagnes, les villes de toutes sortes, les églises et les temples, les mosquées sous les étoiles, toutes les rencontres humaines que nous avons faites, cela est gravé en nous pour toujours. Même quand nous n'y pensons plus, au quotidien, cela fait partie de nous, cela construit notre regard sur le monde. Personne ne pourra jamais nous l'enlever. Ces expériences sont inscrites au plus profond de nos souvenirs. Alors qu'allons-nous devenir, après le Gobi ? Nous serons les mêmes, et pourtant un peu différents. Il y aura cette connaissance intime de la liberté, et du silence en effet, que nous n'oublierons jamais. »

Sous la lumière crépusculaire qui feutre les ombres, la meute humaine, mue par un besoin atavique de se cacher de la nuit, se rassemble dans la petite yourte où Nyambayar examine sur son ordinateur les relevés de son piège photo. Pierre me fait signe de venir.

« Faut pas rester là-dedans, lui dis-je, prise de dégoût, c'est bourré de tiques !

– Non, elles sont parties.

– Comment ça ? Il y en a des dizaines qui nous sont tombées dessus tout à l'heure, avec Myangaa.

– Il leur a fait la chasse, il faut croire, dit Pierre en désignant le lutteur qui me fait signe à son tour de les rejoindre dans la yourte, je n'ai pas vu de tiques depuis un bon moment. »

Je viens précautionneusement m'asseoir à côté de Nyambayar, extrêmement méfiante, n'ayant aucune envie de me prêter à une chasse aux parasites crépusculaires. Le naturaliste mongol fait pivoter son écran vers moi et me montre une série de photos qu'il a réalisées lors d'une précédente expédition, un peu plus loin dans le Gobi, à un point d'eau. Un magnifique loup apparaît soudain, dans un paysage désolé de pierres grises. Puis un bouquetin de Sibérie, avec ses immenses cornes bosselées recourbées fièrement en arrière et sa barbichette digne de nos plus beaux boucs. Ensuite, un argali, ses cornes de bélier antique cette fois tournées vers l'avant. Je m'extasie devant chaque cliché et le remercie allégrement : « *Bayarla, bayarla !* », « Merci, merci ! ».

Nyambayar, ravi d'avoir un public aussi enthousiaste et sachant apprécier pleinement la valeur de son travail, se met dès lors en tête de me montrer *toutes* les photos de son ordinateur. C'est-à-dire des centaines. Au bout d'environ trois cents clichés, les autres finissent par se lasser et quittent la yourte, et nous restons là tous les deux, Nyambayar et moi. Ils ont tort de partir : le défilé de ces milliers d'images est en réalité magique, et d'une grande poésie.

Nyambayar me montre notamment un magnifique *khulan*, hémione de Mongolie de son nom scientifique. Ce rare équidé des steppes ressemble un peu à une mule, d'une couleur grise poudrée d'ocre qui se confond avec le désert. «*Bayarla, Nyambayar !*» Surtout, il me dévoile des photos d'ours et de panthères des neiges absolument incroyables. L'ours de Gobi ressemble vraiment à notre ours des Pyrénées, mais en plus petit et moins replet. Il a un côté efflanqué – il est manifeste que la cantine est moins bonne dans le désert que dans nos grasses montagnes. Quant à la panthère, avec son pelage argenté et blanc tacheté de noir, sa tête étrange et sa longue queue qui s'enroule et se déroule sans cesse, elle est divine. Je suis tout de même obligée de chasser deux ou trois tiques pendant la projection privée.

«*Come, come, Élise !*» À l'extérieur de la yourte, Terbish m'appelle. Je fais signe à Nyambayar qui acquiesce d'un mouvement de tête : il faut toujours répondre positivement aux ordres de Terbish. Dans la nuit, les gars sont tous rassemblés autour du chef d'expédition qui, guilleret, une lampe frontale vissée sur la tête, brandit vers moi une bouteille de vodka.

«Oh non, dis-je à Pierre qui contemple, indécis, son verre tout juste rempli, je ne tiens pas l'alcool ! Un demi de bière et j'ai les jambes molles.»

Subitement, Pierre siphonne son verre cul sec, puis fait une drôle de mine : «C'est plutôt une boisson d'hommes. Tu la sens descendre… Mais bon, on ne peut pas les vexer…»

Terbish insiste : je dois boire ma lampée de vodka chinoise avant de partir en expédition nocturne dans le désert. Il n'y a pas à discuter et cela le fait beaucoup rire. J'obtempère. L'alcool transparent me brûle la gorge.

« La vodka chinoise, tu la sens passer quand même, continue d'analyser Pierre, en regardant son godet. Puis après, il y a comme un petit retour… »

Terbish ne l'entend pas de cette oreille : il veut nous resservir. Il est aussi jovial qu'autoritaire quand la nécessité se fait sentir. Et la vodka, c'est nécessaire ! « Ce n'est rien, un seul verre ! m'explique-t-il, hilare, en anglais. Trois verres, c'est normal, et cinq verres, c'est bien ! » Et il éclate de son rire reconnaissable entre tous et terriblement communicatif, montant dans les aigus et propageant une joie folle et naïve.

Au-dessus de nous, dans le ciel pur du Gobi, les premières étoiles se lèvent.

« Elles sont encore timides, murmure Pierre, en regardant la voûte céleste. Jupiter est là… »

Je parviens, en m'éclipsant discrètement dans l'obscurité, à m'en tenir à une unique dose d'alcool, et ne cherche pas à savoir combien les autres en ont ingurgité. Pendant que nous nous préparons à remonter dans le camion, imbibés de vodka chinoise, mais sans grand risque de croiser la maréchaussée ni de provoquer un accident, j'ai la bêtise de reparler des ours, évoquant une extraordinaire photo que Nyambayar m'a montrée : une ourse du Gobi accompagnée de deux adorables oursons. Sous l'effet de l'alcool et de la nuit, mes comparses, enthousiastes, se font un devoir de me raconter leurs pires histoires d'ursidés.

« Ha ha, les oursons, c'est mignon, mais mieux vaut ne pas les approcher. Tu te souviens en Roumanie, me rappelle d'abord Philippe, quand une grosse ourse brune, accompagnée de deux oursons elle aussi, nous a chargés ? Nous avons eu une sacrée frousse !

– C'est vrai, nous ne l'avions pas vue. Nous cherchions le pic tridactyle dans la forêt de Sinaia. Elle a cru que nous en voulions à ses petits. Heureusement, nous étions dans la voiture, nous avons vite démarré et filé.

– Surtout que nous étions en montagne, ajoute Philippe, sur un sentier longeant un bon escarpement. Si elle avait percuté la voiture en la poussant dans la descente, je me demande ce que cela aurait donné… Cela dit, les accidents ont plutôt lieu avec les ours mâles. À Sinaia toujours, on m'a rapporté qu'une touriste américaine a voulu prendre en photo avec son smartphone un ours sauvage en train de manger dans une décharge ! Quelle idée ! Elle s'est approchée beaucoup trop près, il a eu peur et lui a décoché une claque pour se défendre… Sauf qu'une claque d'ours, c'est tellement puissant, ça tue net… »

Ces surenchères d'histoires horribles, dès lors que des hommes ont un peu bu, ne sont pas spécifiques aux seuls naturalistes, mais ce soir, il y a vraiment des ours dans les parages, aussi cet étalage d'attaques de plantigrades mal lunés ne m'amuse pas beaucoup.

« Et ce n'est rien à côté des grizzlis, en Amérique il y a régulièrement des accidents, ajoute Matthieu Kumlien dont la langue habituellement discrète a été déliée par la vodka. Des gens se font manger régulièrement. Il y a quelques années, un youtubeur s'était fait une spécialité de produire des vidéos de lui avec les ours. Pendant plusieurs années, ça se passait bien, il faisait le buzz. Puis un jour, avec sa copine, ils campaient, toujours dans sa folie de tourner des films d'ours. Et ils sont tombés sur un vieux mâle grizzli affamé… Le plus terrible, c'est qu'il avait déclenché l'enregistrement, aussi on a retrouvé toute la bande-son, on sait qu'ils se sont munis d'une poêle à frire pour se défendre… Ça a été une vraie boucherie. On n'a retrouvé d'eux que des morceaux de viande… Une horreur. »

Je me renfrogne en montant dans le camion :

« C'est nécessaire de raconter toutes ces histoires effroyables ce soir ?

– Mais ici, ce n'est pas un grizzli ! répond Matthieu Thayer. Et puis c'est quand même très rare, ce genre d'histoire, même avec les grizzlis. La plupart des ours sont inoffensifs si on ne les embête pas. Ça ne risque rien. Quant aux ours du Gobi, ils ont peur de l'homme, ils n'en voient jamais.

– Comment peut-on savoir qu'ils ont peur de l'homme, justement, s'ils n'en voient jamais ?

– C'est le jour où tu verras des ours polaires, reprend Philippe, que tu pourras avoir peur. Parmi tous les grands prédateurs du monde, l'ours polaire est le seul qui n'a strictement aucune crainte des humains. Mieux vaut rencontrer un tigre qu'un ours polaire ! Pour ce dernier, un homme n'est guère qu'un phoque parmi d'autres ! Il vit dans un climat et un environnement de glace tellement hostiles, qu'il n'a pas le choix : pour survivre, il faut qu'il attaque ! Et s'il le fait, ce n'est pas pour se défendre, c'est vraiment pour nous dévorer. »

Le camion démarre dans la nuit, ce qui offre un intermède opportun à ces histoires d'ours qui me soulèvent le cœur, et Terbish se lance dans des explications herpétologiques détaillées dont nous ne comprenons pas tout. Nous savons simplement que nous cherchons un lézard endémique nocturne dont les yeux, à la lumière de la torche, sont rouges comme une cigarette allumée.

Le goût de la vodka me reste en bouche, et je pense que mon haleine suffirait à enflammer une allumette, tandis que le camion brinquebale sur les cailloux, éclairant une toute petite portion du désert dans l'obscurité opaque. Je demanderais bien s'il n'y a pas de risques de se perdre, mais je m'abstiens. J'ai eu ma dose d'histoires horribles.

Après tout, ce n'est pas ma première virée en quête nocturne d'animaux – même si les autres fois, il y avait des routes ! Une bonne partie des animaux vivant la nuit, les naturalistes sont bien obligés de parfois les chercher à la lumière d'une torche. Nous avons ainsi pisté de cette façon des engoulevents musiciens en Afrique du Sud. J'ai vu aussi des engoulevents leucopyges dans une jungle brésilienne en remontant une rivière après un affût à jaguar, ombres virevoltantes sur la forêt tropicale, dans la chaleur moite et dégoulinante du soir. Dans le Gobi, il pourrait y avoir de l'engoulevent du désert, mais depuis le début nous n'en avons pas vu et avons surtout croisé, en guise d'oiseau de nuit, une sous-espèce au plumage pâle de la chevêche d'Athéna.

Nous descendons plusieurs fois du camion en quête dudit lézard, mais revenons bredouilles : pas de reptiles, ni de mammifères, encore moins d'oiseaux. La vie de naturaliste est remplie de frustrations et d'échecs. Chacun de nos arrêts nous vaut en revanche une attaque en règle de tiques, surtout quand nous nous trouvons à proximité de l'oasis et des arbres. Tout en enlevant l'un de ces ignobles parasites de derrière mon oreille et un autre de mon bras, j'arrive à empêcher de justesse une troisième tique de me mordre le crâne. L'avantage de la grosseur répugnante des tiques du Gobi, c'est qu'un épiderme délicat et phobique comme le mien sent aisément leurs petites pattes dures cavaler sur la peau ou dans les cheveux, là où l'on ne perçoit malheureusement pas leurs cousins européens, plus légers et plus discrets. Harcelée par ces acariens, je me sens tendue et nerveuse.

Quand nous rentrons enfin dans notre tente, vers deux heures du matin, des tiques y sont bien entendu logées et cavalent sous la lumière de la lampe torche, ce qui provoque en moi un effroi qui me donne envie de pleurer. Fini, les grandes pensées sur la beauté des voyages et l'amour de la vie, je rêve avec amertume, la bouche tordue de dépit, de mon lit douillet morbihannais, qui me semble à cette heure le comble du luxe le plus insolent et le plus désirable. Je suis fatiguée, crispée, je chasse les parasites fébrilement, le dégoût me serrant la gorge et me soulevant l'estomac. Furieuse, assise dans la tente, la lampe frontale allumée, de grosses larmes de rage prêtes à fondre sous mes paupières, je guette l'ennemi le cœur battant.

Outre ma phobie des tiques et de leurs borrélioses en tout genre, je n'aime pas, mais alors pas du tout, l'idée de m'assoupir dans des endroits où traînent des ours. Surtout après tout ce que j'ai entendu ce soir ! Je n'ai pas une confiance inouïe envers ces animaux qui ont de leur personne une assez haute opinion, et une gourmandise si prodigieuse qu'une bonne odeur de sucre pourrait bien leur faire oublier leur répulsion naturelle à l'égard des humains. L'histoire du grizzli et de la poêle à frire me reste amèrement à l'esprit…

À la suite de quelques mésaventures tropicales, je me suis juré de ne plus mettre les pieds dans des jungles ou des marigots infestés de crocodiles, de caïmans et autres alligators – j'ai développé une aversion aiguë envers ces sauriens pour lesquels nous ne sommes rien de plus qu'un ver de terre pour une poule. Eh bien, je pourrais à l'avenir me promettre également de ne plus jamais camper dans un coin à ours. Qui plus est quand s'y surajoute la panthère des neiges. Même si ces grands prédateurs ne mangent pas les hommes, l'idée qu'ils puissent venir renifler autour de ma tente en pleine nuit ne me met pas en conditions de détente suffisantes pour m'endormir sereinement. Et si s'ajoutent à cela des tiques grosses comme un ongle tapies sous mon duvet…

Je comprends un peu tard que Terbish, cet homme sage, avait raison : c'est cinq verres de vodka, en effet, qu'il m'aurait fallu pour dormir dans un endroit pareil. Je peux endurer beaucoup dans un voyage, la crasse, les taons, les moustiques, dormir sur des cailloux, être seule avec des bonshommes poilus pendant trois semaines à écouter des centaines de contrepèteries incompréhensibles, mais les tiques sanguinaires du Gobi, c'est au-dessus de mes forces. Je décide de ne pas dormir. Mon insomniaque résolution est aidée par les dieux du désert : le vent s'est levé, et la tente claque brutalement et sans interruption toute la nuit.

Chapitre 11

Sur la trace de l'ours

« J'angoisse tellement, je crois que je vais vomir », avoue Pierre, d'une honnêteté sans fard, pâle et accablé.

Ce sont les premiers mots que j'entends, dans ce matin sans rosée. Que j'apprécie Pierre Cabard, ce Tourangeau qui déteste l'avion, ce buveur de vouvray et ce mangeur de rillettes du doux pays de Rabelais et de Ronsard ! Comme je le comprends, ce voyageur plein de bon sens devant l'adversité ! Pour ma part, dire que j'ai mal dormi est un euphémisme. Je n'ai strictement pas fermé l'œil durant la majeure partie de la nuit, finissant tout de même, en l'absence avérée de nouvelles tiques dans la tente hermétiquement fermée, par m'écrouler de sommeil avant l'aube. Cette nuit à Sharl Khuls comptera parmi les pires de mon existence !

Ce ne sont pas les parasites ni les ours qui inquiètent Pierre, mais bien l'idée de tomber en panne sèche d'essence en plein désert. Il est vrai qu'en cas de pépin, nous n'avons aucun téléphone satellitaire : il serait impossible de joindre quelqu'un. Ce n'est pas le moment d'avoir un malaise cardiaque ou une crise d'appendicite…

« Je vais te donner un calmant, lui répond Philippe qui, habitué à mener des expéditions, se doutait bien qu'il fallait emporter quelques remèdes de ce type dans sa trousse à pharmacie.

– Tu en avais ? Tu aurais pu m'en donner cette nuit ! lui dis-je pleine de reproches.

– Bah, réplique-t-il, dans l'état où tu étais, tu aurais pu en prendre trois que ça ne t'aurait rien fait ! »

De toute façon, ce que je ressens est plus proche du courroux contre les arachnides locaux que de l'inquiétude. J'ai pour le reste plutôt confiance – peut-être à tort – dans l'équipe mongole. Je sens que les amis de l'équipe française sont moins rassurés.

« Vous avez vu le chauffeur, hier soir ? demande Matthieu Kumlien. Il a démonté toute une partie du moteur : il y en avait partout.

– Et dans ma tente, les tiques, c'était un véritable zoo », ajoute Matthieu Thayer.

L'aurore à Sharl Khuls pare l'oasis d'une autre lumière, plus claire et joyeuse que celle du soir, qui rehausse toutes les roches alentour d'un filtre doré. Nous retournons explorer le bois de peupliers endémiques, majestueux arbres du désert, car Philippe a encore des prises de son à effectuer sur le chant de la fauvette qui l'intrigue. Je pars de mon côté en quête de papillons, tentant de photographier correctement un petit argus. La présence de ces fragiles insectes bleus en plein désert m'émerveille. Bientôt, Terbish nous appelle : il a attrapé un lézard rare, qu'il voit pour la première fois, *Cyrtopodion elongatus*. Il sourit, les yeux pétillant de fierté et de plaisir, et j'espère en mon for intérieur que cette joie béate ne va pas déclencher une nouvelle tournée de vodka.

Le reptile, beige rayé de brun, aux couleurs des cailloux du désert, possède un petit museau pointu, une tête carrée, de gros yeux et une longue queue. Il n'est pas très content de s'être laissé prendre par le naturaliste mongol, et pense certainement sa dernière heure arrivée. Dans la main qui le tient, il voit peut-être sa vie de lézard défiler ? Une fois que nous l'avons tous admiré, Terbish le repose délicatement au sol. Le petit animal fait quelques pas, puis ne bouge plus, sans doute un brin choqué de sa mésaventure, ne sachant s'il vaut mieux rester immobile à ne pas se faire remarquer, ou filer à toute vitesse sous une pierre. Il retient finalement la seconde option et disparaît en un éclair.

Sur le chemin du retour, nous constatons que nous avons tous, chacun, une dizaine de tiques qui cavalent sur nos vêtements, ce qui nous permet de découvrir qu'il en existe deux catégories : les géantes à pattes jaunes, et les énormes noires. Nous sommes obligés de nous déshabiller pour les enlever, et de nous épouiller mutuellement. Se dénuder dans le désert, seule en sous-vêtements dans un groupe d'hommes, n'est pas ce qu'il y a de plus plaisant, mais nous sommes tous trop préoccupés à chasser nos parasites pour que la situation soit réellement gênante.

Sharl Khuls est un lieu merveilleux, à n'en pas douter, un écrin de vie dans le désert, mais il faut admettre que cette oasis est proprement infernale. Je suis soulagée de la quitter et de retrouver les paysages minéraux du Gobi, sans eau, sans arbre, mais sans parasites !

Nous reprenons la route, et je commence enfin à me détendre. La piste n'est pas trop mauvaise, de sorte que le camion ne nous secoue que modérément. Un point noir, au loin, fait des orbes dans le ciel. Il se rapproche et nous observons, planant doucement, un gypaète barbu – l'un de mes oiseaux préférés –, cet immense, sublime et inoffensif vautour qui se nourrit exclusivement d'os. Avec sa barbiche noire sous le bec, ses yeux jaune clair cerclés de rouge, ses plumes ocre, blanches et noires, ses impressionnantes ailes pointues et sa longue queue, il ressemble d'ailleurs plus à un aigle qu'à un vautour. Nous en avons de petites populations en France, dans les Alpes, en Corse et dans les Pyrénées.

J'aime les rapaces, ces oiseaux qui ont longtemps été persécutés par les hommes et qui aujourd'hui encore, bien que strictement protégés par la loi, sont parfois victimes de tirs de chasse et de destructions volontaires. Au sortir de l'université, j'ai passé cinq années à les protéger, ayant décroché mon premier emploi à la Mission Rapaces de la Ligue pour la protection des oiseaux, rue Bargue, dans le XVe arrondissement de Paris. Un endroit à l'époque bien gris et recelant une densité particulièrement élevée de crottes de chien, lieu des plus surprenants pour mener les actions environnementales d'une association de protection de la nature. Mes anciens collègues ont depuis déménagé dans des locaux parc Montsouris.

« Tu as la coche de tous les rapaces du Paléarctique occidental ? » me demande Pierre en désignant de son menton barbu la liste que je tiens sur les genoux.

Je l'ouvre à la page des Accipitridés.

« Non. Il me manque la bondrée orientale, le milan à queue fourchue, le pygargue vocifère, le vautour de Rüppell, l'autour sombre, l'autour gabar, l'épervier shikra, la buse à épaulettes, la buse de Swainson, l'aigle ravisseur, l'aigle ibérique et l'aigle de Verreaux. Et dans les Falconidés, la crécerelle d'Amérique, le faucon concolore, le faucon lanier et le faucon gerfaut. Sinon, j'ai tous les autres rapaces diurnes ! Mais je ne les ai pas tous vus dans le Paléarctique occidental. Par exemple, le pygargue de Steller, je l'ai coché en Corée du Sud.

– Ouah, s'exclame Matthieu Thayer, vous avez la coche du pygargue de Steller ?

– Nous en avons même vu plusieurs, répond Philippe, dans la banlieue de Séoul, sur le fleuve Han, et dans le delta du Nakdong. Quel oiseau incroyable !

– C'est le genre d'animal qu'on imagine dans un film d'heroic fantasy, portant un elfe sur le dos, tellement il est gros. »

En France aussi, nous avons une espèce de pygargue qui, bien que plus petite que le pygargue de Steller, est pourtant l'un des plus gros oiseaux de notre pays : le pygargue à queue blanche, un aigle pêcheur dont on peut parfois voir planer la silhouette sombre sur le lac du Der, en Champagne-Ardenne. Ils avaient totalement disparu de l'Hexagone ces dernières décennies et ne reviennent que très timidement, encore peu nombreux. Les humains les ont exterminés par le passé, à cause de la chasse, mais aussi de la pollution, comme ils ont détruit tant d'autres espèces de rapaces qui vivaient sous nos contrées. L'acharnement contre ces oiseaux est pour moi incompréhensible.

Beaucoup firent l'objet de superstitions moyenâgeuses, comme les chouettes hulottes, dont le chant énigmatique sous la lune, l'un des plus beaux qui soient, était considéré comme lugubre et réputé de mauvais augure.

Hou-ou ouu hou-ou ou ou ou hou
Hou-ou ou ou ou ou ou ki-ouik

Pourquoi nous est-il si difficile d'aimer la nature, de l'accepter telle qu'elle est, dure parfois, belle souvent, et telle qu'elle a protégé notre espèce depuis ses origines ? Elle nous nourrit, nous soigne, elle est notre vie. Pourquoi la détruire, pourquoi nous détruire ainsi sans relâche ? Pourquoi avoir autrefois exterminé ces magnifiques oiseaux de proie, puissants, solennels, si nécessaires à l'équilibre de nos campagnes ?

Les croyances antiques honoraient des dieux de la nature : Pan, Gaïa, naïades et oréades… Quant aux religions monothéistes… Dieu a créé le Jardin d'Éden, c'est-à-dire cette merveilleuse nature. Pourquoi ruiner l'œuvre de Dieu ? Ne mériterait-elle pas au contraire d'être respectée ? Il semble bien que la destruction de la nature soit contraire à toute forme de foi. Et d'un point de vue athée, elle est simplement contraire à tout bon sens, tant elle nous est indispensable. Quel que soit le point de vue adopté, cet anéantissement est absolument absurde, en plus d'être inutile et dangereux.

Pour ma part, la nature et les animaux ont donné du sens à ma vie ; plus encore, ils en ont été le fil conducteur. C'est grâce aux animaux que j'ai pu rencontrer des êtres étonnants, profonds, sillonner des chemins peu fréquentés et parcourir le monde. Toujours en Corée du Sud, il y a eu les paradoxornis, petites boules de plumes joyeuses que j'ai observées cachée dans les hautes herbes ; les oies des neiges volant sous les nuages roses du couchant, sur la presqu'île de Chincoteague, aux États-Unis ; les mergules nains à Calais, sur la digue, arrivant droit de l'Arctique, lors d'une tempête mémorable ; la recherche ratée de la chouette de l'Oural dans les forêts sombres et bourrées d'ours de Roumanie ; la chevêchette d'Europe aperçue dans les forêts du Jura, petite ombre noire perchée au sommet d'un conifère ; les souimangas d'Afrique du Sud, au plumage moiré ; les minuscules colibris, au Pantanal, et le fabuleux quetzal, aux reflets d'émeraude, au Costa Rica…

J'ai couru après les oiseaux sur Long Island avec l'historien new-yorkais Robert O. Paxton, pour le *Christmas Bird Count*, le jour de l'année où tous les ornithologues américains comptent le plus d'oiseaux possibles en vingt-quatre heures, amusant concours qui permet de suivre l'évolution de l'avifaune américaine depuis une centaine d'années. J'y ai raté le harfang des neiges, grosse chouette blanche du Nord, que je rêve pourtant de voir. Plus près, j'ai cherché des boules de plumes à Ouessant, sur l'île de Sein, l'île d'Hoëdic, le long de la rivière d'Étel…

La faune sauvage, dans toute sa splendeur, sa richesse, son mystère, a profondément influencé ma vie, et peut-être mon être. Les jungles, les déserts, les toundras, les montagnes, les océans, la forêt de Camors dans une brume blanche, et ses pigeons colombins en ombres chinoises, et ses toiles d'araignées croulant de rosée : je n'aurais jamais posé mes pieds dans tous ces lieux sans elle… Je ne les aurais jamais regardés de la même façon…

Le gypaète barbu met longtemps à disparaître du ciel, suivant le camion en orbes lents.

« Nous allons nous arrêter un peu plus loin, à Tsagaan Tokhoi, explique Terbish. C'est une vallée de pierres, une sorte de petite gorge, avec un point d'eau et quelques peupliers. L'ours de Gobi y vit, et Nyambayar doit relever des caméras-pièges. »

À l'évocation de cette désertique vallée encaissée surgissent dans nos esprits des images de gorges rocailleuses, mystérieuses et sombres, parsemées de grottes profondes, bien qu'il soit très peu probable que les gorges du Gobi ressemblent à celles que nous possédons en France, dans le Verdon, le Tarn ou l'Ardèche.

« Connaissez-vous, demande tout à coup Pierre, l'esprit ayant divagué des gorges jusqu'aux cryptes, ces mots d'Alphonse Allais ? “Proposition folichonne d'un peintre un peu loufoque voulant entraîner une jeune fille dans ses cryptes à seule fin de lui peindre le dos avec de la couleur verte. Je dis : mettons, vers mes passages souterrains, jeudi, mes tons verts, mais pas sages, sous tes reins."

– Quoi ? demande Matthieu Kumlien. Mais qu'est-ce que tu racontes ? On n'y comprend rien ! »

Pierre ricane.

« Je répète : "Je dis : mettons, vers mes passages souterrains, jeudi, mes tons verts, mais pas sages, sous tes reins."

– C'est vrai que nous ne saisissons rien à vos propos, monsieur le Sénateur, ajoute Philippe.

– Je répète tout en entier, continue Pierre en articulant démesurément et en détachant bien chaque mot. Jeudi… »

Rien n'y fait. Tandis que les camions suivent leur piste de sable sans relâche, il doit nous expliquer et écrire sa phrase sur mon carnet d'observation pour que nous appréciions enfin la subtilité. Il jubile. Ces intermèdes nous ont occupé l'esprit un moment et nous voilà arrivés, sans que nous ayons vu le temps passer, à Tsagaan Tokhoi, la vallée de roches que souhaite examiner Nyambayar. Ce dernier saute du camion et court à son piège photo, puis, après l'avoir relevé, nous explique que deux films dévoilent le passage récent d'un gros ours. Il est content, et si sa nature profonde ne le porte pas à l'exubérance, ses yeux crépitent de satisfaction.

Pendant qu'il reprogramme son piège photo, au-dessus de nous passe un faucon de Barbarie qui décoche un regard de côté aux étonnants bipèdes que nous sommes. Sur un rocher, un agame de Mongolie, beaucoup plus imperturbable, se chauffe voluptueusement au soleil. Cette vallée est, en soi, une petite oasis : il y a un peu d'eau, des plantes poussent, fort vertes, et même quelques hautes fleurs violettes visitées par des papillons bleus, toujours ces mêmes argus que j'ai photographiés à Sharl Khuls.

Au bout de quelques instants à suivre les virevoltants lépidoptères, je songe que si j'étais un ours, j'irais plus au frais, au fond de la vallée, pour y passer les heures chaudes du jour. Alors, pendant que les ornithologues observent le faucon qui pirouette entre les petites falaises, j'escalade un rocher et j'arrive à un endroit plus secret. Ce sont des gorges de pierre austères, beiges, lunaires, dont les escarpements montent de chaque côté d'un petit filet d'eau constitué de quelques flaques autour desquelles poussent des herbes drues. J'avance seule, portée par un sentiment grisant de liberté, étonnamment inconsciente. M'éloigner du groupe, des voix humaines, me procure une sensation exaltante et téméraire, et j'oublie toutes les histoires de grizzli entendues la veille. Une quête ne se mène-t-elle pas toujours seule ? J'ai l'impression que dès qu'on est deux, on n'a plus le même rapport à la nature, on devient déjà le début d'une meute. Si l'ours a été pris au piège photo en bas, il a fatalement emprunté le même chemin que moi : il n'y en a pas d'autre.

« Élise ? Où vas-tu ? »

La voix de Philippe m'appelle, déjà un peu lointaine. La peur est quelque chose de parfois bien subjectif, et voilà que j'ai envie de pister l'ours. Mon instinct ne me trompe pas. Sur le sable humide, au bord d'une flaque récemment asséchée, au fond de laquelle s'est déposé un fin film d'algues encore vivaces, l'ours a laissé, bien net, un signe indubitable de son passage : l'empreinte large d'un pied de plantigrade. Je m'agenouille, un sentiment ancestral éveillé en moi : les humains ont pisté des animaux depuis que le monde est monde. Est-il loin ? Pourquoi est-ce que je prends le risque, isolée, de tomber sur lui ?

Un sourire de triomphe aux lèvres, j'appelle mes compagnons.

« Venez voir ! Il y a des traces ! »

Pendant qu'ils escaladent la roche pour me rejoindre, je continue d'avancer. Un peu plus loin, je trouve des crottes toutes fraîches. Puis de nouveau des traces, bien rondes, la marque des ongles enfoncés. L'ours est là, quelque part. Il nous a sûrement déjà sentis, entendus, peut-être même observés. Pour les animaux du désert, la présence d'un groupe humain ne passe certainement pas inaperçue. Et les naturalistes savent combien, très souvent, les animaux nous voient longtemps avant que nous ne les voyions. La plupart d'entre eux nous fuient comme la peste, considérés que nous sommes, dans leur règne, comme la pire des espèces prédatrices, un fléau à éviter à tout prix. L'odeur de l'homme répugne beaucoup d'espèces sauvages, et notre seule silhouette fait s'envoler bien des oiseaux. Sans nos jumelles et nos longues-vues, qui nous permettent d'observer de loin, nous naturalistes, pourtant ô combien pacifiques et inoffensifs, n'observerions pas grand-chose.

Peut-être est-ce cette conscience prédatrice qui m'enhardit à chercher l'ours. Si l'imaginaire nocturne est peuplé de frayeurs, ce matin, je sais que l'animal doit en réalité avoir bien plus peur de moi que je n'ai peur de lui. J'avance encore, un peu plus loin, seule, enivrée par mon audace, découvrant, au fin fond du Gobi, seule dans ces gorges à chercher un ours, des trésors d'assurance que je ne soupçonnais pas.

« Reviens ! » appelle Philippe derrière moi.

Chapitre 12

De la solitude et de quatre roues motrices

J'écoute. Le silence de Tsagaan Tokhoi bruisse du vent dans les herbes. Mon cœur bat, et pourtant je me sens profondément sereine, exceptionnellement confiante dans cette nature cachée, isolée de tout, insoupçonnée de tous. Est-il là ? Attend-il, au détour d'une grosse pierre, que je passe mon chemin ? A-t-il l'eau à la bouche, l'ours farouche, de voir toute cette viande docile se balader dans son repaire secret ? Mais non ! Il ne mange que des végétaux, des petites choses inoffensives… C'est un petit ours craintif du Gobi, pas un dangereux ours polaire. Quand on marche dans le désert en présence d'un animal beaucoup plus gros et rapide que soi, muni de larges crocs et de griffes acérées, le cerveau tourne en accéléré, éveillé et clair à la fois. Même s'il y a infiniment plus de chances, dans une vie, de se faire tuer par un autre homme que par un animal sauvage, un imaginaire archaïque est encore profondément ancré en nous, du temps où nous étions une proie potentielle, dans un environnement encore gorgé de grands prédateurs, et il reste vrai que la prudence est toujours de mise face à l'imprévisible.

Mais il est l'heure de repartir. Je dois me résigner à rentrer, frustrée d'abandonner cette piste qui s'étend encore loin, dans ces mystérieuses gorges de pierre, sachant que je me demanderai toute ma vie si cet ours craintif, que je n'ai pas vu, m'a lui, de son côté, repérée. S'il me regarde, me flaire ou m'écoute en ce moment, il est sans doute soulagé de me voir rebrousser chemin.

Je remonte dans le camion, où mes compagnons de voyage sont déjà en train de chasser les dizaines de tiques que nous avons rapportées de notre excursion.

« Elles sont impossibles à tuer, explique Matthieu Kumlien, retenant l'une d'elles captive dans ses doigts, sauf à les broyer entre deux cailloux.

– Nous devrions faire comme les singes, réplique l'autre Matthieu en riant, les manger ! »

Nous reprenons la route, et plus tard dans la matinée, nous arrivons à Khoshoot où Nyambayar doit relever une nouvelle caméra-piège. C'est un lieu aride où, autrefois, l'eau a peut-être été un peu plus présente – si l'on en croit quelques arbres morts et deux ou trois peupliers toujours vivants –, mais qui donne aujourd'hui, avec ses souches desséchées, une impression encore plus désolée qu'un désert strictement minéral. La vie peine, ici, à s'enraciner. Une onde bien maigre doit se trouver là, quelque part sous les roches, qui permet de laisser faire la vie, mais ne l'encourage pas…

Le ciel s'est petit à petit couvert de nuages, plongeant le désert dans une ambiance grise, plombée, inquiétante. Ici encore, l'ours n'est guère loin : Nyambayar nous indique que son piège a filmé un gros adulte à six heures quarante, ce matin. Nous faisons une pause et Terbish, tel un sage attendant ses fidèles en prières dans le désert, en profite pour siroter un réconfortant thé salé, calé au fond d'un fauteuil pliable sorti pour l'occasion, content et rieur de s'arrêter un moment. Il est en train d'étendre ses jambes bien confortablement et d'étirer son dos ankylosé lorsque nous découvrons d'impressionnantes traces de griffures sur les troncs des pauvres arbres qui survivent dans ce lieu.

« C'est ici qu'il faudrait faire un affût à ours, dis-je.

– Nous en ferons un au prochain campement, en attendant la nuit, répond Philippe, mais il y a peu de chances qu'il se montre. Un groupe d'humains en plein désert, tu imagines le raffut que nous faisons, dans ce silence ?

– C'est vrai… Il doit entendre arriver le camion à des kilomètres, c'est presque impossible de ne pas l'effaroucher.

– Il a le temps de filer ! Les Mongols ne le voient jamais. Tiens, regarde, il a même laissé du poil ! »

Philippe me montre une touffe prise entre deux morceaux d'écorce. L'ours a dû se gratter vigoureusement à l'arbre. Nous traînons ici depuis un petit moment, quand nous voyons Myangaa et Galaa s'agiter près de leur camion. Terbish nous fait signe : il faut repartir, nous avons encore pas mal d'heures à rouler avant d'arriver à Baruun Shargin Springs, le campement du soir.

« *Morin deer !* » s'écrie Terbish en riant – à cheval !

Nous roulons dans le désert depuis plusieurs heures. Il fait chaud, la route est inconfortable, les camions avancent lentement, et nous ne parlons plus, la peau moite, la paupière lourde, usés par le voyage. Même Pierre n'a pas le cœur à nous lancer une calembredaine. Notre petite confrérie du Gobi est fatiguée. Plus l'ombre d'un peuplier ou d'un papillon, plus d'eau depuis longtemps, et nous avons retrouvé la minéralité écrasante, totale, sans appel.

Tout à coup, le camion de Galaa s'arrête. Myangaa stoppe le sien à son tour. Que se passe-t-il ? Galaa a sauté de son véhicule, l'air soucieux. Le chauffeur est inquiet : le camion fait un bruit bizarre, et pour tout dire, guère rassurant. Myangaa, Galaa et Nyambayar s'allongent et commencent à farfouiller sous l'engin, duquel sort une odeur d'essence qui ne nous dit rien qui vaille. Vif comme un souslik, Galaa se relève d'un coup puis sort du fourbi de son camion une sacoche vert foncé qui se révèle être une sommaire boîte à outils.

Le ciel est chargé de nuages gris de plus en plus lourds.

«J'ai l'impression d'avoir cinq tiques dans le slip…, constate Matthieu Kumlien. Et il fait bientôt nuit.»

Je dévisage mes compagnons. Une ride de contrariété s'est dessinée entre les deux yeux plissés, comme rétrécis, de Philippe, qui se frotte nerveusement les sourcils de la pulpe de son index. Quant à Pierre, l'effet du calmant matinal semble totalement dissipé, si l'on en croit sa moue dubitative et sa barbe hérissée. Personne ne dit rien, excepté Terbish, qui devise dans un mongol rapide avec Galaa.

Les voilà partis dans un bricolage sous le camion quelque peu inquiétant, même si Terbish nous assure que Galaa est un excellent mécanicien. Pièce par pièce, ils se mettent à démonter une roue puis un mécanisme tout autour. Pour la première fois depuis que je connais Terbish, je vois son visage devenir franchement soucieux. Il est si rare que l'ami mongol perde son rire franc et son front serein.

La chaleur très lourde, collante, nous plonge dans une langueur chagrine, l'ambiance est de plus en plus sombre, la lumière, d'un gris de plus en plus soutenu ; le sol pierreux s'assombrit sous les nuages qui foncent petit à petit. Mais que faisons-nous là, tout ça pour chercher un ours invisible !

« Il ne manquerait plus qu'il y ait un orage… », dis-je à Philippe.

Nous savons, lui comme moi, ce que cela veut dire. Il y a quelques années, en 2012, nous sommes déjà allés dans le Gobi avec Terbish, mais dans une partie beaucoup plus accessible, une zone plus steppique qu'on appelle le Gobi-Altaï. Un orage avait éclaté, soudainement, noyant le désert sous des trombes d'eau. Nos camions s'étaient alors profondément embourbés, par deux fois, et nous avions passé plusieurs heures à chaque fois pour les sortir de l'ornière. Seulement, nous ne sommes plus du tout dans le même Gobi. Ici, il faudrait parcourir plus de deux cent cinquante kilomètres pour espérer rencontrer quelqu'un, et nous n'avons aucun moyen de communication pour appeler du secours. L'angoisse commence à me serrer la gorge et le ventre.

« Il reste toujours un camion qui fonctionne ! » annonce Terbish dans son anglais aux accents russes, en faisant mine de plaisanter pour masquer son désarroi.

L'atmosphère est assez oppressante dans ce paysage de fin du monde où ne vole aucun oiseau. Ici, tout semble dénué de vie. En Occident, même dans nos milieux naturels abîmés, nous ne nous rendons pas compte à quel point elle est omniprésente. La grisaille uniforme de ce désert si vide semble s'abattre sur nous. Quelle tristesse !

Le ciel est vraiment sombre à présent, tout comme nos âmes et nos cœurs, mais par bonheur, l'orage n'éclate pas. Après pas mal de rafistolages, les Mongols parviennent à faire redémarrer le camion. Terbish sort de son silence préoccupé pour nous expliquer le problème :

« Le mode 4×4 est cassé. Peut-être un choc sur une mauvaise pierre. Mais nous sommes parvenus à le faire repartir en deux roues motrices. Ce qui signifie que le camion peut rouler, mais que le risque d'ensablement est considérablement accru… »

Nous repartons. Un peu plus loin, Galaa s'arrête à nouveau et vérifie son camion. Nous profitons de cette pause pour tenter de chercher des chameaux sauvages, qui sont connus sur cette zone où poussent quelques touffes éparses d'herbe jaune et desséchée. Nous ramassons d'ailleurs divers poils qui semblent bien être ceux d'un chameau. À défaut de trouver les rares camélidés, nous découvrons une nouvelle sorte de solifuge, toujours jaune, l'abdomen long et gras, doté de longues pattes duveteuses, mais qui arbore un autre look que le précédent.

Sur le chemin du retour, nous croisons enfin un mammifère, de passage rapide dans cette partie du

Gobi : une gazelle à goitre, jolie antilope couleur sable munie d'élégantes cornes noires en forme de lyre. Enfin, avec peine, nous arrivons à Baruun Shargin Springs, un campement minéral au cœur du désert, où le silence est total. Nous sommes au milieu du rien.

Terbish n'a pas encore pleinement retrouvé sa sérénité. Pendant que nous montons les tentes, Philippe discute avec lui. Je sais qu'il lui demande s'il ne faut pas écourter l'expédition et faire marche arrière. Mais cela ne servirait à rien, car nous sommes déjà si loin que rebrousser chemin ou continuer de l'avant reviendrait au même. Ils décident donc de ne rien changer à leurs plans. Une fois la décision arrêtée, Terbish semble lâcher prise et laisser derrière lui ses soucis : il éclate de rire. Après tout, Galaa a bien réussi à rallier le camp sans mode 4×4, et après tout, si nous nous embourbons ou si nous nous ensablons, ce ne sera pas la première fois ! Ce Mongol sait intimement profiter de la vie – comment dit-on *Carpe diem* en mongol ?

Sa joie est communicative, et d'autres rires éclatent dans le camp. La tension de la journée s'envole. Si les nuages sont encore un peu gris au-dessus de notre tête, ils laissent désormais filtrer la lumière généreuse du couchant, et ils se dissipent totalement de mon cœur. La sérénité y revient comme une vague généreuse quand je me mets à écouter le désert. J'ai voyagé dans d'autres contrées désertiques, la Chamiyé en

Syrie, le Wadi Rum en Jordanie, des coins de l'Anti-Atlas au Maroc, le début du Sahara en Tunisie, et je suis venue déjà dans certaines parties du Gobi. Pourtant j'étais persuadée, avant le départ, que le sentiment de solitude et de silence extrême de ces régions désolées, bien plus reculées que tout ce que j'avais connu jusqu'alors, pourrait m'angoisser. Il n'en est rien.

Me voilà à Baruun Shargin Springs, au cœur du désert, au cœur du silence, au cœur de ma vie.

Ce calme me semble une chance infinie – l'absence totale de bruits parasites est un luxe que je ne soupçonnais pas. Je découvre à quel point j'aime la vie loin de toute civilisation. Et quel apaisement que d'être, depuis des jours, déconnectés de tout. Comme une existence sans Internet et sans téléphone semble meilleure, plus heureuse, plus essentielle ! Quels souvenirs de notre temps sur Terre aurons-nous à l'heure de notre mort ? Un écran d'ordinateur, une télé, un téléphone ? Comment ces joujoux stériles ont-ils pu nous couper à ce point du monde, du ciel et du vent, des autres et, surtout, de nous-mêmes ? Comme je suis plus paisible et plus émerveillée sans tout cela !

Il faut dire que Baruun Shargin Springs, campement hautement inorganique, me semble, à ce stade du voyage, être un quatre-étoiles – bien que je connaisse beaucoup de gens qui pleureraient d'inconfort et d'horreur d'être ici à ma place ! La vie est souvent question de point de vue. Mais dans ce lieu perdu, il n'y a ni taons, ni moustiques, ni tiques… Même eux ne sauraient demeurer dans ce paysage post-apocalyptique. Quant au sol, il est, pour la première fois depuis le départ, quasi idéal pour planter la tente : certes dur, mais ni trop en pente (comme les autres fois), ni criblé comme d'habitude de centaines de petits cailloux pointus qui cassent le dos sous le trop fin matelas des Mongols. Que demander de plus ?

En classe de terminale, mon professeur de philosophie au lycée d'Amboise, Philippe Godet, avait commencé son premier cours par cette question : « Qu'est-ce que le bonheur ? » Devant nos mines désorientées, il nous avait expliqué que, selon lui, le bonheur, c'est être bien ici et maintenant, et ne pas vouloir être ailleurs. C'était la plus sage des définitions.

Et à Baruun Shargin Springs, ce soir, je me sens parfaitement bien. Le temps est devenu plus agréable, encore venteux mais doux, et je flâne seule autour du camp, dans le silence du Gobi, ce silence d'une extrême intensité que mes oreilles captent avec ferveur et qui n'est nullement du vide. Le silence d'avant le crépuscule est chargé de la vibration sourde du monde, débordant de la puissance de vie de la Terre. Ce silence est dense et plein, mille fois plus envoûtant que la plus vibrante symphonie. Dans cette harmonie profonde et immense, ramenée à l'essence des premiers hommes, je cherche les traces du vent et de la poussière, je regarde les lumières et les ombres du sable, et les pierres polies par le temps. De temps à autre, je me saisis d'un de ces cailloux éolisés : aucun n'est semblable, parmi ces sculptures lisses et infiniment douces du vent, merveilles minérales, poésies du désert, beauté cachée dans le plus aride des sols. Comme ce monde est somptueux et comme nous sommes privilégiés d'y vivre !

Je reviens au campement. Le sable cuivré s'enivre des ombres qui s'étirent à cette heure où Tsevgee et Zoulaa commencent à préparer le dîner. Les casseroles tintent doucement sous leur tente d'où se dégage une odeur de viande bouillie. Galaa est allongé sous son camion, il répare quelque chose – Galaa répare toujours quelque chose, en tout temps, en tout lieu, à toute heure.

Chapitre 13

L'œil du dragon de Baruun Shargin Springs

Au cœur du désert, il n'y a pas de rossignol philomèle, au chant de trilles et de murmures, pour nous bercer, et cela n'est pas utile : nous avons dormi comme des loirs, sans rien voir du ciel étoilé, des ombres géantes des tentes sous la lune argentée… Et si quelque démon nocturne est venu du fond des sables, curieux et inoffensif, se pencher sur notre campement, nous n'en avons rien su, engloutis que nous étions dans un sommeil paisible et rond, réveillés seulement par l'éclat pâle des premiers rayons de l'aurore.

En réalité, écrasés de fatigue, nous n'avons pas entendu ceux qui ont veillé sur nous une bonne partie de la nuit : Myangaa et Galaa qui, en bricolant à la lampe torche, sont parvenus à réparer le mode 4×4 du camion. Nous nous disons souvent, à les voir conduire dans des conditions problématiques, que nos deux chauffeurs pourraient sans difficulté participer à des rallyes automobiles comme le Paris-Dakar. Galaa et Myangaa se fichent bien de tout cela : ils conduisent pour gagner leur vie, pour fournir à leurs familles leur content de riz, de khuushuur et de thé salé. Terbish affiche ce matin un sourire lumineux, et le soleil de ses yeux tranche avec la fine pluie qui tombe sur le camp, reste des quelques nuages d'hier. Elle est fraîche et inattendue, en plein été dans le désert, mais Philippe n'apprécie pas cette surprise météorologique :

« Parmi le top dix des choses que je déteste faire dans la vie, ronchonne-t-il, replier une tente mouillée arrive en bonne position. Surtout quand il faut redormir le soir dedans. »

Myangaa, qui vient de cracher grassement en sortant de sa tente, comme tous les matins – c'est un signe de virilité pour certains Mongols –, passe devant nous, monolithe de muscles, un rouleau de papier-toilette à la main, et nous jette un coup d'œil en biais, mal réveillé et pas très aimable. Je viens de m'apercevoir que nous avons tordu l'un des piquets de la tente en forçant trop hier soir. Le lutteur mongol, voyant les dégâts, change sa trajectoire pour se diriger fermement vers nous. Sans qu'un mot soit échangé, il me prend le piquet de fer des mains, puis le redresse à la seule force de ses doigts en me regardant l'air de dire : ce que je fais à ce piquet, je peux le faire à n'importe qui. Il me le rend en silence et reprend sa route vers la tente des toilettes.

« *Bayarla*, Myangaa. »

Je le regarde s'enfermer là-bas en soupirant tristement.

« Qu'est-ce qu'il y a ? me demande Philippe. Il t'a fait peur ?

– Oh non. C'est seulement que j'avais envie d'aller aux toilettes. Mais m'y rendre après Myangaa, ça ne me dit vraiment plus rien…

– Ha, ha, j'ai été plus malin que toi, répond fièrement Philippe, j'y suis allé dès le réveil, avant que tout le monde ne passe ! »

Je noue un foulard sur ma tête pour cacher mes boucles déjà à nouveau raidies de poussière et de sable. De son côté, Galaa, les cheveux noirs hérissés autant que sa moustache tombante, look capillaire qui n'a guère dû changer depuis Gengis Khan, fait des essais pour voir si son camion fonctionne. D'un naturel empathique, attentif, il essaie toujours de nous aider et d'arranger toutes les situations. Surtout, j'ai avec ce Mongol une capacité de communication exceptionnelle : bien que ne parlant pas un mot d'une autre langue que le mongol, il parvient à comprendre tout ce que je lui raconte. Certes, je lui demande chaque fois des choses très concrètes, et nos échanges ne vont pas loin. Mais comment fait-il pour saisir ? Je lui demande de m'aider à monter un petit échafaudage de piquets pour accrocher un petit piège photo, il comprend. De résoudre un problème pour monter ma tente, il comprend. Il me parle en mongol, je lui réponds en français, et nous avons l'impression de décoder l'essentiel, à croire que la communication est parfois plus question de bonne volonté et d'entente que de langage.

Myangaa, quant à lui, est sorti de son repaire, a reposé le rouleau de papier-toilette et s'est mis en tête, comme tous les jours, d'astiquer son camion avec hargne à l'aide d'une petite brosse au manche rouge. À certains moments de la journée, je suis persuadée qu'il ne nous perçoit plus comme des êtres humains, mais comme de simples salisseurs de camion, des ensableurs professionnels de véhicules, des souillons de la chaussure. Il préférerait sûrement conduire le camion de maintenance comme Galaa : les tentes, les matelas et les deux cuisinières, Zoulaa et Tsevgee, qui ne sortent pas beaucoup du véhicule, peut-être pour éviter de ramasser des tiques.

La pluie a cessé, et nous nous apprêtons à partir quand Terbish nous appelle. Nous le trouvons arborant un air aussi heureux qu'un bouddha de bronze, un demi-sourire serein, les pommettes gonflées de bonheur, le torse bombé de fierté. Il a trouvé un gecko magnifique et absolument pas farouche. L'inoffensif petit reptile n'a sans doute jamais vu d'humains et n'en reverra certainement jamais d'autres. Il se laisse manipuler, conciliant, et se tient tranquillement sur la main de Terbish.

Pour qui n'est pas réfractaire à l'herpétologie, ce

gecko est réellement superbe : un menu corps beige rosé, délicat, strié d'un brun ocre, de petites pattes munies de cinq doigts mignons, une tête ronde et cuivrée et surtout deux yeux énormes qui semblent faits d'or en fusion, traversés à la verticale d'une très mince pupille noire et allongée. Ce sont des yeux de dragon ! Cet aimable petit animal est un gecko de Przewalski, *Teratoscincus przewalskii*, et c'est la toute première fois de sa vie que Terbish en voit un – ce qui explique l'expression extatique de son visage.

Il faut dire que le coopératif gecko est si gracieux que même Tsevgee et Zoulaa viennent l'observer, et la jeune cuisinière, toute vêtue de rouge, un bandana noué dans ses cheveux noirs et un long collier de perles de bois autour du cou, la peau dorée, les joues roses de plaisir, le laisse même monter le long de son bras afin que nous la prenions en photo avec le reptile, beauté mongole communiant avec la nature sauvage du désert.

L'explorateur polonais Nikolaï Mikhaïlovitch Przewalski, qui a donné son nom à plusieurs espèces d'Asie centrale et à notre gecko, a mené de grandes et difficiles expéditions naturalistes dans les années 1870 en Mongolie et jusqu'au nord du Tibet. J'imagine ce que devaient être ces grands voyages d'autrefois, à dos de cheval ou de chameau, dans des contrées si méconnues…

C'est de très bonne humeur que nous reprenons notre odyssée désertique, même si une forte odeur de gaz dans le camion nous alerte un peu, tandis que Myangaa et Terbish en rigolent. Notre cher professeur nous avoue qu'il se fiche que les camions soient un peu branlants, il est comblé de chercher les lézards, et il n'est pas question d'abréger l'expédition.

Il se pourrait bien, au cours de la journée, que nous rencontrions le fameux chameau sauvage – *Camelus bactrianus ferus*, dont nous allons croiser ce matin l'une des aires de répartition. Si le chameau domestique est bien connu, avec ses deux bosses et son poil laineux, son pendant sauvage est pour sa part en danger critique d'extinction, tout comme notre ours. Extrêmement rare, l'animal est particulièrement farouche, décampant au premier signe humain qu'il discerne – encore un qui nous fuit comme la peste. C'est un mammifère d'une sobriété remarquable, capable de peu manger et de peu boire, parfaitement adapté aux conditions de vie du désert. Concernant l'ours de Gobi, nous n'allons plus guère le chercher, et nous nous estimons très heureux : nous avons trouvé nettement plus que prévu, des traces, des crottes, des griffures, et de beaux relevés de pièges photo pour Nyambayar. Le Gobi a été généreux avec nous.

Les camions ont repris leur cheminement instable.

« Ce serait chouette qu'il n'y ait pas trop de péripéties mécaniques, aujourd'hui, s'inquiète Pierre.

– C'est que les camions sont mis à rude épreuve, répond Matthieu Kumlien, ça patine sacrément, par moments, dans le sable.

– J'ai l'impression que pas grand-chose ne fait reculer les Mongols, non ? demande Matthieu Thayer.

– Je ne sais pas si c'est le cas pour tous les Mongols, nuance Philippe, mais il est certain que ceux que nous connaissons sont assez intrépides. Cela dit, je ne suis pas sûr que Terbish soit un Mongol commun, ni un être humain commun d'ailleurs. Et puis, à partir du moment où ils étaient d'accord pour nous emmener au fond du Gobi, il fallait s'attendre à ce qu'ils ne lâchent pas leur expédition comme ça. Ce vieux camion russe n'en est sûrement pas à sa première épopée…

– On comprend mieux, à présent, pourquoi ils préfèrent ces véhicules anciens. C'est vrai qu'en cas de pépin, il faut être capable de les réparer. Des engins bourrés d'électronique seraient plus à risques dans le désert ! »

Pendant que nous avançons, je contemple cette mer de cailloux de toutes tailles qui nous entoure. Combien de millions de petites pierres sont entassées ici ? Je pense aux tournepierres à collier, ces amusants oiseaux des plages, limicoles trapus aux pattes orangées si fréquents en Bretagne : toute la journée, ils retournent les galets de leur bec pointu afin d'y dénicher les minuscules invertébrés dont ils se régalent. Combien faudrait-il de tournepierres pour renverser toutes les pierres du Gobi ? Un peu plus loin, nos camions s'arrêtent dans un canyon où nous trouvons des crottes de chameau sauvage encore tièdes et du poil. L'animal est proche. Et de fait, quelques kilomètres plus loin, nous croisons un jeune mâle farouche qui part à l'amble en nous voyant. Pour les naturalistes, c'est la liesse : quel bonheur d'avoir vu cette espèce si rare ! Pourtant, je m'en veux toujours un peu de déranger un animal.

« Celui-ci, tu sais, me dit Philippe qui connaît mes éternels scrupules, il n'a pas dû être très souvent perturbé dans sa vie ! Dans le Gobi, il est plutôt peinard ! »

Le chameau est couvert d'une vieille laine pendante qui part en lambeaux, comme celle d'un mouton pas tondu. Sa couleur est semblable à la roche des collines alentour. Il s'en va de son pas rapide et chaloupé, la tête haute, en nous surveillant de l'arrière de l'œil.

C'est à ce moment que Philippe s'aperçoit avec effroi qu'une tique s'est plantée dans le lobe d'une de ses oreilles – piercing vivant du désert. Myangaa, qui n'a pas décroché un sourire depuis le début du voyage, éclate de rire.

« Ce salopard, ça le fait marrer ! » s'écrie Philippe, outré.

J'enlève le parasite avec dégoût à l'aide de mon tire-tique, tandis que Myangaa ne peut contenir son fou rire, écroulé sur son volant, se sentant peut-être vengé par l'affreux parasite de tout ce que nous faisons subir à son camion. Philippe lui lance des regards furieux, d'autant que l'hilarité du Mongol est extraordinairement communicative, et que nous peinons beaucoup à ne pas pouffer à notre tour.

« C'est la variété à pattes jaunes », dis-je en jetant le parasite loin de nous, histoire d'apporter une petite précision scientifique à la situation et de garder mon sérieux.

Nous repartons, le grand corps de Myangaa toujours secoué de spasmes de rire. Le sol est sableux, entre les collines de pierres, et après plusieurs kilomètres à rouler dans ces paysages désolés, Galaa fait signe qu'il doit s'arrêter. Une des roues du camion est brûlante. Cette fois, c'est le roulement à billes qui est cassé. Terbish nous fait comprendre que nous allons en avoir pour quelques heures de bricolage… Les Mongols, qui ne rient plus du tout, sont de nouveau accroupis près de leur camion. Dans ce genre de circonstances, chacun tente de calmer son inquiétude à sa façon. Pierre cherche les poils de chameau sauvage.

Philippe monte en haut d'une colline. Les deux Matthieu essaient de trouver des insectes à photographier. Quant à moi, je pars en direction inverse, assez loin, suivant une araignée, un agame, et les pierres éolisées du Gobi, sculptées par le vent et les sables pendant des centaines de milliers d'années.

Chapitre 14

Le camp des crânes

« La vérité, c'est qu'il y a des moments dans l'histoire, des moments comme celui que nous vivons, où tout ce qui empêche l'homme de désespérer, tout ce qui lui permet de croire et de continuer de vivre, a besoin d'une cachette, d'un refuge. »

Ces mots de Romain Gary me reviennent à la mémoire tandis que je marche seule dans le désert. Galaa, Myangaa et Nyambayar travaillent à restaurer le roulement à billes d'un camion, pendant que nous, Européens inutiles, incapables de réparer quoi que ce soit, nous nous éparpillons dans le vent et le sable.

Ces moments dans le Gobi seront pour moi, je le sais, cette cachette, ce refuge, ce qui m'empêchera de désespérer aux heures sombres de l'existence. Pour toujours je me souviendrai du silence. Et si j'ai besoin de retrouver une force et une harmonie intérieure, il me suffira de fermer les yeux et de me rappeler ces moments, cette apaisante solitude désertique, cette enivrante douceur minérale du désert, cette surprenante absence de peur. Ce savoir désormais intime que ce qui semble vide est plein, et que le néant n'existe pas : au plus esseulé du monde, tout vibre d'une vie puissante et souterraine.

Je vois bien que les autres membres de l'équipe ont besoin de parler, de faire du bruit : cela rompt l'inquiétude. Pour beaucoup, silence et solitude peuvent être oppressants. Je découvre pour ma part une pureté qui me grise, me permet de ressentir un calme profond, une sérénité et une harmonie que je ne soupçonnais pas en moi, une confiance absolue dans la vie, au plus profond, à l'essentiel, quand tous les bruits parasites des humains se sont éteints.

Il y a déjà plusieurs minutes que, au détour d'une colline de sable, j'ai perdu les autres de vue. Plus aucun point à l'horizon. De nouveau, je me dis que je pourrais courir, disparaître ici pour toujours, sans qu'on ne me retrouve jamais. Mais je sais qu'un fil invisible me relie à mes amis et que je ne me perdrai pas.

Je ne me lasse pas de cette découverte, chaque jour renouvelée, la plus importante de ce voyage, cette initiation que me donne le désert de Gobi, cette leçon de l'absence de bruit. Ici, sur le chemin semé d'embûches mécaniques qui doit nous mener à Atas Bogd Uul, le prochain camp, le silence a basculé d'un cran supplémentaire – si cela était encore possible. Mes oreilles ressentent une sensation de grande paix, de celle qu'éprouvaient sans doute nos ancêtres autrefois, quand la nature était emplie de quiétude, avant l'ère industrielle, dans un monde sans avion, sans voiture, sans train, sans machine à laver, sans ronronnement d'ordinateur, sans surpopulation, sans bruits...

L'un des rares oiseaux du Gobi, un traquet du désert, se met soudain à chanter, et son chant est amplifié par le calme profond. Il résonne dans l'air, mélodieux, clair et pur. Les sons portent incroyablement, nous pouvons nous parler seulement en chuchotant, de loin, et le moindre crissement prend une dimension étonnante.

Dans d'autres déserts un peu plus fréquentés, à l'avifaune plus riche, j'ai vu des oiseaux tout aussi merveilleux que ce petit traquet : des cratéropes d'Irak, espiègles petits oiseaux bruns qui vivent en bande dans les roselières, près des points d'eau ; des sirlis du désert qui partent se cacher en courant sur leurs longues pattes, ou qui s'élèvent d'un coup dans les airs en chantant un air mélancolique avant de retomber au sol ; et j'ai même entendu la chouette de Butler, en Jordanie, en sortant à la nuit de Pétra, l'incroyable cité antique nabatéenne où Philippe et moi avons traîné jusqu'au crépuscule dans les gorges à la recherche de cet oiseau mythique, enivrés par l'ambiance énigmatique du lieu.

Dou... ouh-dou-dou-dou...

Elle était tout près, la grosse chouette du désert, aux yeux jaunâtres, à la gorge ocre doré.

Dou… ouh-dou-dou-dou…

Mais nous ne l'avons pas observée cette fois-là, ni jamais d'ailleurs. Pourtant, seuls dans le défilé de Pétra, remontant à la nuit tombante vers la sortie, nous demandant comment nous ferions si nous étions enfermés pour la nuit dans le site – et espérant peut-être secrètement l'être –, le hululement sonore de cet oiseau de nuit marqua nos mémoires au plus profond. Une coche peut-elle être seulement auditive ? Compte-t-elle si l'oiseau est entendu mais non vu ? Vaste débat ornithologique. Pourtant, certaines écoutes merveilleuses valent bien des observations…

Le traquet du désert termine sa chanson pure dans le silence. Est-il possible que de ce chant-là je ne me souvienne jamais ? Ou bien tous ces chants sont-ils enregistrés dans des zones profondes de ma mémoire ? J'ai entendu chanter tant d'oiseaux dans ma vie ! Il est impossible qu'au fond de moi je ne me les rappelle pas.

Je rejoins le camion. Du haut de sa colline, Philippe a repéré deux nouveaux chameaux sauvages. Pierre a de son côté également trouvé des traces des camélidés dans le sable, et les deux Matthieu nettoient leur appareil photo mis à mal par la poussière du désert qui s'infiltre dans toutes les optiques. Quant aux amis mongols, ils ont enfin réparé le roulement à billes. Il leur a fallu plus de deux heures, mais Terbish est satisfait.

Nous reprenons la route. Une certaine fatalité orientale commence à nous imprégner : advienne que pourra de ce camion et de ses occupants. Heureusement, le véhicule tient jusqu'à la fin de la journée, où nous arrivons à Atas Bogd Uul. Nyambayar commence par relever une caméra-piège : un ours a été vu hier soir, à vingt et une heures ! À cette annonce, un frisson d'excitation parcourt toute l'équipe. Ainsi il est présent ici aussi l'ours de Gobi, le *mazaalai* des Mongols. Il rôde encore tout près de nous.

Quelques centaines de mètres plus loin, nous rallions le campement, constitué d'une yourte en dur, comme à l'oasis de Sharl Khuls, et d'un amoncellement de cailloux, les fameux *ovoos* mongols, ces cairns chamanes surplombés de différents crânes d'animaux, blancs comme de la craie, notamment un crâne d'argali aux magnifiques cornes torsadées, et plusieurs de *khulan*, qui ressemblent beaucoup à ceux des chevaux. Des chamans sont-ils venus jusqu'à Atas Bogd Uul ? Pourquoi ces *ovoos*, pourquoi ces crânes ? Quelles déités de la montagne et du désert honore-t-on ici ? Dans ce désert jaune, gris et brun, formé de collines et de montagnes pierreuses au loin, où vit la panthère des neiges, ces crânes posés là comme des totems produisent une drôle d'impression. Ici, le seul signe de la vie prend le visage de la mort.

Nous montons le camp, petites tentes orange perdues dans le désert. Un peu plus loin, nous trouvons des traces de pas de *khulan* dans le sable, preuve que des équidés sauvages sont en effet venus jusqu'ici, chose étonnante tant ce désert est vide de tout, hormis de cailloux et de sable. Les animaux sauvages ont un tel souhait de s'éloigner de l'espèce humaine qu'ils sont prêts à se rendre dans des lieux hautement arides et désolés.

Myangaa, qu'on pourrait croire éreinté par cette longue route et sa réparation inconfortable du roulement à billes, enchaîne directement sa journée par un ménage approfondi et méticuleux du camion. Sa maniaquerie a peut-être une raison pratique : il est vrai que ce sable et cette poussière s'infiltrant partout sont préjudiciables aux appareils.

Nous trouvons des roches où des dendrites d'oxyde de manganèse forment des inclusions, c'est-à-dire, en termes intelligibles, des petits cailloux très jolis où semble incrusté du feuillage alors qu'aucun élément biologique n'est intervenu dans le processus minéral qui a généré ces formes décoratives.

Je me repose, habituée désormais à m'allonger sur le fin matelas qui me sépare de la caillasse. Cette sensation d'intense liberté ne me quitte pas, et qu'importe qu'on ne puisse pas se laver et qu'on ne mange qu'une nourriture sommaire si c'est le prix de l'aventure. Ici, comme au camp précédent, aucun parasite ne pointe ses pattes et c'est un luxe infini. Terbish rit, à trois tentes de là, car Galaa lui raconte quelque chose, et je ressens un sentiment d'amour et de gratitude envers ces Mongols des steppes, capables de bourlinguer seuls dans les déserts immenses, le sens de l'orientation ancré, intimement liés à la nature, puissants humains. Ces jours passés avec eux, dépendante d'eux, me font percevoir les effets pervers de notre prison dorée occidentale, de notre faiblesse savamment entretenue à coups de téléphones, de GPS, d'ordinateurs, de réseaux sociaux, de notre abrutissement et de notre infantilisation induits par la société de surconsommation. Combien de temps faudra-t-il à la Chine ou à la Russie pour grignoter la Mongolie, pour éventrer les ressources inestimables de son sous-sol ? Combien de temps les enfants de Gengis Khan résisteront-ils, et garderont-ils leur regard fier, leur capacité à se mouvoir seuls dans les steppes infinies, les montagnes et les déserts ? Jusqu'où devront reculer les ours de Gobi, les chameaux sauvages et les panthères des neiges pour se cacher des hommes ? Ils ne peuvent fuir plus loin. À Atas Bogd Uul, ils sont au bout.

Ce soir, nous allons faire un affût à l'ours.

Chapitre 15

Le fantôme d'Atas Bogd Uul

En attendant de partir chercher l'ours dans le désert, Tsevgee et Zoulaa nous ont préparé leur invariable menu, du riz blanc et de la viande, que nous accueillons avec joie, sous le vent léger du soir.

« Nous avons toujours l'impression de beaucoup manger, avec les Mongols, s'amuse Philippe, et nous revenons pourtant de chaque voyage avec Terbish avec deux bons kilos en moins.

– C'est peut-être à cause du stress ? demande Pierre.

– Ou à force de passer des heures à désembourber le camion, ajoute Philippe.

– Parle pas de malheur ! répond Pierre qui a déjà failli s'asphyxier avec le pot d'échappement lors de notre premier ensablement, au début du voyage.

– Je pense surtout que même si c'est nourrissant, ce que nous mangeons n'est pas très gras », analyse Matthieu Thayer en examinant soigneusement son riz.

Quant à Terbish, il est d'humeur badine, ce qui se traduit chez lui par des yeux pétillants et des rires intempestifs. Il nous montre le petit livre vert sur les reptiles et les amphibiens mongols qu'il a rédigé, référence en herpétologie du pays. Nous l'admirons de façon aussi expansive que possible, et Terbish se rengorge de satisfaction. Pierre, Philippe et moi écrivons aussi des livres, nous savons ce que c'est ! Il a dû trimer, ce pauvre Terbish, pour produire cet ouvrage, passer des mois à trouver toutes ces informations sur tous ces lézards et toutes ces grenouilles, faire comprendre certaines subtilités herpétologiques à son éditeur effaré, vérifier pendant des heures des épreuves, tout ce temps et toute cette énergie pour gagner trois francs six sous – ou l'équivalent mongol. Comme nous mesurons combien il a besoin d'être réconforté sur la qualité et la nécessité de son ouvrage et de tout ce temps perdu ! Tout le monde devrait avoir le guide des reptiles et des amphibiens mongols dans sa bibliothèque, bien sûr, et c'est un véritable café littéraire en plein désert, entre deux bouchées de viande dure, qui se tient là, à Atas Bogd Uul. Terbish est ravi, et nous aussi. Il nous explique que Victor Hugo, Alexandre Dumas, Jules Verne sont traduits en mongol.

Malgré la gaieté ambiante, un petit pincement me serre la poitrine. Parmi tous mes amis écrivains naturalistes ici réunis, l'un manque à l'appel. Qui sait, s'il avait vécu, s'il ne nous aurait pas accompagnés dans le Gobi ?

« C'est bien le genre de choses que j'aurais aimé faire ! » me murmure un fantôme intrépide au fond de mon cœur.

Bertrand Eliotout, ornithologue spécialiste des rapaces et écrivain naturaliste, est mort à trente-quatre ans, dans un accident de voiture, de nuit, au Zimbabwe où il était en mission pour étudier les zèbres et autres animaux de la savane. Quand j'ai connu ce gaillard au regard vif et à l'âme passionnée, je travaillais à la Ligue pour la protection des oiseaux, et lui œuvrait à protéger les vautours au fond des gorges du Verdon. Il craignait de finir seul, vieux gars comme tant d'ornithologues, à vivre comme un ours, isolé de tous.

C'était un beau garçon, plutôt grand, costaud, les yeux bruns, les cheveux mi-longs de la même couleur. Il avait un look d'aventurier, des pantalons pleins de poches, les jumelles au cou, et je me demande parfois comment j'ai pu ne pas tomber amoureuse de lui. Un naturaliste, cavalier, jeune écrivain, entièrement dédié à la protection de l'environnement. Nous partagions la même vision du monde, les mêmes centres d'intérêt, mais les lois de Cupidon sont mystérieuses : c'est l'amitié qui nous lia d'emblée, sincère et durable, jusqu'à sa disparition.

Je crois profondément à la camaraderie entre un

homme et une femme. Je ne comprends pas ceux qui se coupent de la moitié du monde amical parce qu'ils pensent cela impossible. Bien sûr, cela nécessite d'être honnête avec soi-même, mais on sait très vite si le désir s'en mêle ou non : l'attirance n'est pas chose assez discrète pour que l'on puisse durablement l'ignorer, chez soi comme chez l'autre. Bien que sa forme terrestre se soit évanouie, Bertrand reste mon ami, et ce soir, dans cette réunion d'écrivains naturalistes, en plein Gobi, il me manque. Si en ce lieu, moi seule pense à lui, sa place parmi nous aurait été des plus évidentes.

Les vies d'aventure sont parfois dangereuses. Pourtant, la destinée de Bertrand m'a appris la nécessité absolue d'aller au bout de ses rêves, même si cela nécessite de prendre des risques, de faire des choix difficiles, des sacrifices parfois. La vie est trop courte. Allons-nous la passer à nous tâter le pouls et à nous trouver des excuses pour ne pas nous bouger les fesses, pour renier sous de mauvais prétextes d'adultes les serments faits dans notre enfance ? Non. Il faut se dépêcher au contraire, il est urgent de vivre, de suivre sa voie, d'écouter son cœur, de ne rien oublier de ce que nous sommes, de ne pas se laisser clouer au sol par les autres, par la société, mais surtout par nos propres peurs et notre propre paresse. Certes, Bertrand a chèrement payé sa liberté. Mais qu'il soit décédé de façon brutale et absurde ne change rien : s'il n'avait pas suivi son désir d'aller en Afrique, sa vie n'aurait été que regrets. Bertrand écrivit ses premiers livres sur la nature en même temps que moi, et nous projetions d'en rédiger un ensemble un jour – sur les rapaces. Certains rêves ne peuvent se réaliser, raison de plus pour vivre ceux qui nous sont accessibles et nous les autoriser.

Il faisait nuit noire quand la voiture de Bertrand, conduite par son directeur de recherche, s'est fracassée sur une mauvaise route d'Afrique, pendant que mon ami dormait à l'arrière, dans un 4×4 zimbabwéen dépourvu de ceinture de sécurité. Quel est le dernier oiseau qu'il a vu dans les phares ? Un engoulevent du Natal, peut-être ? Et lequel verrons-nous, nous ornithologues ?

On ne sait jamais quand a lieu la dernière fois. La dernière fois que j'ai vu Bertrand, je croyais que nous avions encore la vie devant nous. Après l'avoir perdu, j'ai décidé pour ma part de trouver mon chemin, de ne plus perdre de temps et de vivre l'existence que je souhaitais vraiment. J'ai pris le parti d'abandonner mon travail salarié, confortable et très bien payé, et de me mettre à mon compte, comme autrice, photographe, dessinatrice, où que le vent me mène, mais dans la bonne direction.

J'ai vécu plusieurs deuils dans ma vie, mais de celui de Bertrand me reviennent la sensation intense de vide, d'absurdité, et des réveils nocturnes, à minuit pile, pendant plusieurs années, avec ce néant noir et béant qui me sautait à la gorge, l'angoisse vertigineuse, profonde et sourde de la mort. Je n'étais alors encore jamais allée dans le Gobi. Je ne savais pas que le néant n'existe pas. Le vide n'existe pas. Et le vrai silence s'entend mieux que tout autre son. Il n'y a, en réalité, pas de raison d'avoir peur.

Seule l'absence est réelle. Il a fallu vivre sans Bertrand, et découvrir aussi que le chagrin ressemble à l'océan : il fonctionne par vagues, allant, venant, régulièrement, comme la marée, comme un ressac. Au début, les vagues sont fortes, dures, dangereuses, elles semblent tout engloutir, nous emporter dans un tourbillon au fond de leur abîme sans fin. Puis le temps passe. Parfois on croit que la mer est redevenue calme, et une vague de chagrin déferle sans prévenir – sournoise lame de fond. Le temps passe encore, puis les vagues s'adoucissent, très lentement. Face au deuil, la solitude est totale. Personne ne peut nous aider. Et personne ne veut nous aider, de toute façon. La vie continue, nous dit-on, phrase terrible à entendre pour celui qui sait très bien, au fond de lui, que non, elle ne continue pas. Pas encore. Pas tout de suite. On est seul, à tenter d'avancer pour ne pas couler, et à se forger une dérisoire carapace contre les épreuves de la vie et l'assourdissante indifférence des hommes. Le deuil même est devenu capitaliste : il doit être rapide, zappé, efficace.

Que croire de la vie, de la mort ? Et la longueur du deuil, caché, intériorisé, et qui s'étire, qui resurgit à chaque rapace qui vole dans le ciel – cette buse, ce milan, ce gypaète, n'est-ce pas un peu Bertrand ? Où est-il ? Peut-on vraiment disparaître ainsi pour toujours ? Comment accepter que ce qui a été ne soit plus ?

« Le temps est un aigle agile dans un temple », écrivait Robert Desnos, et j'aime à imaginer que ce temps de l'aigle m'a aidée à accepter la disparition de mon ami. Ce soir, dans le temple du Gobi, en attendant l'ours, il n'y a pas d'aigle, et aucun oiseau. Mais le temps s'écoule, doucement, dans son éternel sablier, temps qui apaise, qui arrondit, mais qui n'efface rien.

« Combien tu dis qu'il reste d'ours, dans le Gobi ? demande Matthieu Thayer à Philippe.

– Environ quarante. Terbish a dit qu'il y a eu dix-sept naissances l'année dernière, ce qui est excellent.

– C'est fou, songe tout haut Pierre, de penser qu'un ours vit dans un désert. A-t-il reculé ici sous l'effet de la chasse ? Ne vivait-il pas plutôt dans les steppes, anciennement ?

– L'espèce serait en effet une relique d'une population d'ours qui peuplait autrefois des parties moins arides du désert, explique Philippe. Il mange essentiellement des végétaux – herbes, baies, oignons sauvages, des petits insectes…

– Est-ce que cette population peut survivre ? Il

doit y avoir une forte consanguinité ? questionne Matthieu Kumlien.

– À mon avis, ça va être compliqué, répond Philippe. L'espèce, *Ursus arctos gobiensis*, est classée en danger critique d'extinction. Le réchauffement climatique risque de contribuer à assécher encore davantage le désert. Même un désert peut manquer d'eau, et le Gobi a déjà souffert d'une longue période de sécheresse. C'est ennuyeux car un herbivore a besoin d'un minimum de plantes pour se nourrir, et sans pluies, elles ne poussent pas. Puis le problème, dans la nature, ce sont les effets d'effondrement. Les scientifiques ont remarqué cela chez de nombreuses espèces. Les populations décroissent petit à petit, année après année. Et soudainement, sans que l'on sache pourquoi, elles s'écroulent, d'un seul coup, et l'espèce disparaît. C'est ce qui est arrivé au pigeon migrateur, aux États-Unis, au XIXe siècle. L'espèce était pourtant prolifique, et les Indiens s'en nourrissaient depuis des millénaires. Les colons les massacrèrent, organisant des tournois de chasse. Mais les pigeons avaient besoin de vivre en grands groupes, aussi, quand la population passa au-dessous d'un certain seuil, l'espèce s'effondra, et on ne put rien faire pour la sauver. Alors bien sûr, les ours de Gobi ne sont pas grégaires comme les pigeons migrateurs, cependant il est évident qu'avec un aussi petit nombre de survivants, le *mazaalai* manque de diversité génétique pour assurer sa survie. D'autant qu'il semble qu'il y ait beaucoup plus de mâles que de femelles dans la population restante, qui est déjà minuscule et complètement isolée. Il n'est pas non plus à exclure que le Gobi devienne de plus en plus convoité pour ses ressources minières. La moindre catastrophe environnementale peut le rayer, en quelques années, de la surface de la planète. »

Bertrand – comme Philippe, comme Pierre, comme Terbish, comme Nyambayar et comme moi – avait consacré une partie de son existence, des années durant, à la protection de la nature et donc à celle des humains qui y vivent. Lutte qui semble souvent si vaine. Longtemps cela m'a désespérée, mise en colère, révoltée, abasourdie, découragée. Le temps passant, je me dis : tant pis. Après tout, sommes-nous une si admirable espèce ? Les hommes ont utilisé leur intelligence à commettre les pires crimes, les pires guerres, les pires injustices. Alors, si nous voulons absolument nous détruire, tant pis pour nous.

Quant à la vie, elle est partout. Même le désert est beau, avec ses pierres sculptées par le vent, son sable doux et les rayons du soleil qui percent les nuages. Et quoi qu'il arrive à l'humanité, la vie restera cachée, quelque part, dans une petite oasis comme Sharl Khuls.

Si j'y crois, c'est aussi pour que la mort de Bertrand, disparu lors d'une mission de protection de la nature, ait un sens, et pour ne pas me laisser envahir par un sentiment d'absurdité. Mais au fond de moi, je sens bien qu'il n'y a pas de sens à trouver à cela, ni à la destinée de Bertrand, ni à celle de tous mes semblables.

Ce soir, pendant que nous avalons notre dernière bouchée de riz en riant et en évoquant nos livres improbables, mon ami est près de nous, fantôme argenté dans le désert, fantôme dans ma vie, que personne ne voit mais qui parfois me tient la main, car l'amitié n'est pas un sentiment qui meurt.

« Allez, dit Philippe en frappant dans ses mains, il est temps d'aller faire un affût à l'ours !

– Terbish vient encore de dire qu'on a peu de chances de le voir, répond Matthieu Kumlien.

– Mais on peut trouver d'autres bestioles du Gobi, réplique Pierre. On va avoir une sacrée bonne vue du haut de la colline ! Il doit bien y avoir des chameaux qui traînent par là. »

Il est vingt heures quarante, la nuit s'approche doucement, au loin, déroulant les ombres annonciatrices de l'obscurité, et nous quittons le camp.

Chapitre 16

Dieu est un ours

Les ombres du couchant s'étirent doucement dans le désert, ombre des collines, ombre des petites pierres, ombre d'une rare touffe de végétation sèche, ombre des hommes marchant en file indienne. Jumelles au cou, nous cheminons vers la colline qui semble offrir le meilleur point de vue sur des kilomètres et des kilomètres de désert à la ronde.

La lumière de ce soir de juin, à l'est du monde, là où les hommes ne vivent pas, fait rayonner le Gobi comme un visage amoureux, doré et heureux. La quiétude du silence rend presque solennel le crissement de nos pas dans le sable éternel, en quête que nous sommes d'une espérance, d'un mirage, d'un ours.

« Un de ces jours, me dit Philippe qui suit une pensée fugace tout en grimpant la colline, sa longue-vue lui pesant sur l'épaule, il faudra que nous allions en forêt de Rennes, c'est plein de grimpereaux des bois. Je connais un ornitho là-bas, bien calé en grimpereaux, Filipe Contim. Dans le civil, il enseigne la philosophie à l'université – la philosophie du langage, notamment. »

La guilde des ornithologues est hétéroclite, et c'est pourquoi je l'aime : tous les métiers s'y côtoient. Ici un historien célèbre discute avec un ouvrier du bâtiment, là un philosophe, un vétérinaire, là un cheminot, là un menuisier, là un maraîcher, puis un éleveur de chèvres, un juge pour enfant, un prof de français, un chômeur, un retraité, un éducateur, un banquier, un charcutier-traiteur, un haut fonctionnaire, un bûcheron, une assistante de direction, un pharmacien.

Pour les ornithologues, savoir ce qu'on fait dans la vie est somme toute assez secondaire. L'important, c'est d'être capable de trouver, à l'automne, parmi les nuées d'étourneaux sansonnets, un jeune étourneau roselin perdu sur une île bretonne, et de savoir reconnaître le chant amusant d'un roselin cramoisi – « *Please to meet youou ! Please to meet youou !* » – qui serait venu se percher sur un buisson du nord de la France, ou bien de signaler une petite troupe de bruants des neiges, en hiver, bruissant de plumes blanches sur un littoral de l'Ouest. Pour qui s'intéresse aux oiseaux, cela seul est vraiment important. Le reste est accessoire.

Après une montée un peu rude, nous arrivons au sommet de la colline qui surplombe une immense étendue désertique, plane, s'étirant jusqu'au ciel.

Philippe déploie sa longue-vue, ancre solidement son pied dans le sol, afin d'assurer la meilleure stabilité possible, et commence à chercher dans le désert, tandis que je fouille aux jumelles les zones plus proches de nous. Le regard porte très au loin, vers un horizon de sable, gris et jaune, qui se perd dans le ciel bleuté du soir – prémices mystérieuses de la nuit à venir et d'heures obscures. Il y a là Terbish, Pierre et les deux Matthieu. Nyambayar n'est pas venu. Il dit que nous n'allons rien voir. Il a l'habitude. Mais ce n'est pas grave, c'est un affût pour la forme, pour le plaisir d'attendre, d'espérer, de regarder les lumières sublimes du désert, d'observer la couleur des nuages qui changent avec le crépuscule. Pourtant, Nyambayar a raison, il n'y a rien. Le désert est désert.

Terbish, qui nous a accompagnés par politesse, et peut-être aussi pour nous avoir à l'œil et que nous ne nous perdions pas sur le chemin du retour, lui qui a mis tant de soin à nous mener ici, s'endort.

Et nous attendons.

« Il faudra rentrer avant la nuit, dit Pierre, c'est un coup à ne pas retrouver le camp, dans ces collines. Elles se ressemblent toutes. Tas de pierres sur tas de pierres.

– Il n'y a rien de chez rien, bougonne Philippe qui se tue les yeux à scruter dans tous les sens, scannant le désert mètre carré par mètre carré, pas même un renard.

– Ça va peut-être venir. »

Ses yeux se détachent un instant de l'oculaire et se posent sur moi. Je me sens obligée de me justifier.

« Eh bien, oui, soyons patients ! On est heureux, tous ensemble, à chercher un ours hypothétique ! »

Il soupire et reprend sa prospection. C'est vrai, j'aime espérer. Le temps de l'espérance, celui où l'on rêve, où l'impossible est peut-être encore possible…

« Ce n'est pas parce que c'est un rêve que c'est impossible », m'a un jour dit quelqu'un, quand j'étais très jeune, qui m'encourageait à suivre mes aspirations. Dans la vie, la plupart des gens tentent de vous limiter, de vous enfermer. Quelquefois, des personnes essaient de vous ouvrir une porte, de vous donner confiance. Elles sont rares. Il faut les écouter. Et en devenir une, à son tour, pour un autre. Un chapelet de mots influent parfois sur tout un destin.

Pas un animal ne traîne dans cette étendue de sable et de pierres. Depuis le début de notre expédition, nous n'avons pas même vu un serpent, au royaume des solifuges et des ours. Peu d'êtres vivants supportent la dure solitude du Gobi. Seul le crépuscule s'installe, en ces lieux que le monde oublie, et cela me comble, même si Terbish digère son riz, même si les gars s'ennuient. L'ombre gagne la Terre, seconde après seconde, implacablement. Peu de choses sont certaines, dans cette vie, mais une l'est : la nuit va tomber.

Il doit rester un peu d'humidité dans le Gobi, où se sont amassés plusieurs nuages légers et gris, car un arc-en-ciel double se forme au-dessus d'une colline, le premier arc brillant de couleurs, rose, jaune, vert, qui tranchent sur le ciel assombri, le second, à l'arrière, plus pâle, réplique fantôme du premier. Le sol à leur pied est celui de tous les arcs-en-ciel du monde : radieux, cuivré, surnaturel.

Matthieu Kumlien nous quitte, il en a assez et veut rallier le camp avant la nuit.

À l'affût, l'atmosphère se relâche, puisque rien ne se passe. Pierre et Philippe bavardent. Mais leur discussion badine rompt pour moi le mystère du silence, aussi je m'éloigne et pars en quête de l'arc-en-ciel éphémère, sur la petite colline d'à côté. Les arcs-en-ciel ne servent à rien. Et l'homme ne pourra jamais les détruire. Tant qu'il y aura de l'eau, de l'air et du soleil, ils existeront. L'arc-en-ciel, c'est un peu du bonheur gratuit du monde, qui fait sourire le citadin harassé qui l'aperçoit de sa fenêtre, le paysan sur son tracteur, l'enfant qui s'ennuie au fond de la classe, le prisonnier du fond de sa cellule.

L'arc-en-ciel relie nos cœurs, pour quelques secondes joyeuses, le temps que les rayons du soleil tournent, que la pluie cesse, qu'il disparaisse comme il est venu, léger comme une caresse. Nous sommes tous pleins de gratitude quand un arc-en-ciel survient, sans même que l'on en questionne la raison. Alors pourquoi ? Pourquoi détruisons-nous la nature, puisque nous sommes si profondément sensibles à sa beauté, à son secret, à sa magie ? Pourquoi nous infliger cette peine ? Pourquoi persister à nous tromper de chemin ?

Je regarde à droite, à gauche, aux jumelles. Il y a un ours, quelque part, pas si loin, qui ne se montre pas.

« Si l'ours se montre, je me remets à croire en Dieu ! »

Je ris un peu de moi-même. Est-ce qu'on peut se dire véritablement athée, dès lors qu'on fait des petits paris intérieurs bravaches de ce genre ? Est-ce de l'agnosticisme superstitieux, ou bien une envolée mystique simplement liée à ce prisme de lumière – l'arc-en-ciel –, phénomène certes fort joli, mais purement naturel ?

Dans le tréfonds de chaque âme, il y a toujours un naïf irrationnel pour faire des pronostics, des paris, interpréter les signes les plus farfelus avec le sérieux d'une pythie, et ramener tout à soi – surtout s'il s'agit de sujets comme Dieu, l'argent ou le grand amour.

Je me souviens d'être revenue sur la tombe de Bertrand, en Dordogne, il y a quelques années, une tombe sans pierre tombale, seulement un amas de terre, comme il aurait voulu, du sable, des cailloux.

Une tombe en monticule, qui ressemble au sol du désert de Gobi. Je me suis accroupie, et j'ai dessiné des formes de vautours dans le sable, avec le doigt. Puis d'un coup, j'ai demandé : « Donne-moi un signe que tu es encore là, quelque part. » À cet instant, tous les pigeons du toit du bâtiment face à sa tombe se sont envolés.

Au lycée, mon professeur de philosophie, tentant, plein de bonne volonté envers l'École de la République, de forger en nous des esprits rationnels qui nous aideraient à affronter cette vie et à faire avancer la société, nous expliquait que nous, êtres humains, avions tendance à sélectionner et à donner de l'importance aux « signes » qui nous confortent dans notre idée, et ignorions tous les « signes », bien plus nombreux pourtant, qui nous montrent qu'il n'y a pas à chercher un sens caché aux choses. Il s'agit d'un petit remède pathétique contre l'angoisse existentielle, d'une tentative de croire que l'on peut peut-être maîtriser quelque chose, dans ce bas monde, posséder un peu de contrôle sur l'incontrôlable – les autres, la vie, la mort – et se bercer ainsi de toute-puissance, nous qui sommes si impuissants. Il est plus rassurant de croire en la loi écrasante du destin, que de se dire que tout cela n'est que pauvre hasard…

Tout à coup, Philippe me siffle. J'accours, le cœur battant. Mince alors, si c'est l'ours, je vais être obligée de croire en Dieu ?

« C'est un chameau sauvage, me dit-il en me passant la longue-vue.

– Ouah ! Ça valait le coup de faire un affût alors ! »

Les uns après les autres, nous regardons avec bonheur ce chameau qui marche au loin, dans le désert, tandis que derrière nous l'arc-en-ciel s'intensifie, son prisme de couleurs étincelant de toutes ses nuances, rouge, orange, jaune, vert, bleu, violet, sous le soir qui tombe de plus en plus.

L'animal marche vite dans le désert, solitaire. Je sens que mes compagnons, satisfaits que leur attente ait été productive, s'impatientent désormais un peu.

« La première étoile va bientôt se lever, constate Pierre en regardant le ciel.

– Ça devient vraiment dur, ajoute Philippe.

– Il est venu tard hier, il faut rester jusqu'à la nuit, dis-je, encore un peu d'espoir chevillé au corps.

– Jusqu'à la nuit ? Sûrement pas, répond Philippe, on risque de se perdre. La nuit, on n'a plus les mêmes repères pour retrouver le camp. »

J'essaie de trouver un sujet de discussion pour les faire encore patienter. Ces moments sont si fugitifs, ils ne reviendront plus. Me souvenant de noms d'espèces que j'ai lus tout à l'heure dans ma *Liste des oiseaux du Paléarctique occidental*, je demande à Philippe :

« Lequel de ces oiseaux n'as-tu pas vu : paruline à

croupion jaune, souimanga de Palestine, alcyon pie, traquet à tête blanche ?

– Mais je les ai tous vus, tu le sais bien, me répond-il, aussi outragé que Terbish quand on lui demande s'il monte à cheval. Tu sais bien que j'ai la coche de tout ! ajoute-t-il en riant.

– Pouillot du Caucase ?

– Ça, c'est du vice, rigole Pierre.

– Pas d'bol, je l'ai aussi, me rétorque Philippe. Et toi aussi. Tu l'as vu en Géorgie, autour de l'église de Kazbegui.

– C'est quoi le jeu ? demande Pierre, amusé.

– C'est rien, répond Philippe en levant les yeux au ciel, elle s'est mis en tête de voir l'ours et essaie de gagner du temps pour qu'on ne rentre pas au camp, pas vrai ?

– Bon, puisque je suis démasquée, je retourne sur la colline d'à côté. »

Le crépuscule s'accentue et je continue de chercher l'ours. Dans la vie, plus l'attente a été longue, plus il est difficile de renoncer. C'est souvent le cas pour les histoires d'amour impossibles : il faut parvenir à admettre qu'on s'est obstiné à espérer pour rien, et que toute cette énergie à s'acharner à aimer était du temps perdu. Mes jumelles auscultent chaque caillou noir, mais je ne vois rien. Matthieu Thayer s'en va à son tour. La fin de l'affût approche, cela aussi, il faut l'admettre, mais le paysage est tellement beau. Ce n'est pourtant qu'un vaste tas de cailloux irradié par la lueur du soir.

Philippe vient me rejoindre en haut de la colline.

« Ça commence à devenir vraiment difficile de chercher avec si peu de lumière... », me dit-il, me préparant au retour au camp, tout en installant sa longue-vue près de moi et en continuant à chercher, les yeux plissés et fatigués d'être ainsi tendus sans relâche dans le soir qui tombe.

Je veux grappiller quelques dernières minutes encore de ces instants.

« Tu vois, lui dis-je, même si on ne voit rien, le fait même d'être ici, en plein désert de Gobi, à chercher le mythique ours de Gobi, c'est déjà magique. »

Je m'apprête à lui faire toute une démonstration sur l'importance de la quête, plus essentielle que le résultat, sur le chemin parcouru qui nous transforme, même si le Graal reste inaccessible, quand il me coupe soudain dans mon envolée philosophique.

« Là ! Là ! J'ai quelque chose ! J'AI QUELQUE CHOSE ! »

Une montée d'adrénaline me transperce le corps, et je fais de grands signes à Terbish et à Pierre qui sont restés sur la petite colline d'à côté. « *Come !* Venez ! Il a quelque chose ! »

« Un ours ! crie Philippe, j'ai un ours !!! Vite, regarde, c'est loin !... À côté de la colline, dans la plaine ! »

Je colle mon œil à la longue-vue, effarée de surprise. Il est là ! Je ne rêve pas ! L'ours de Gobi, qui marche au loin. Petite ombre plantigrade qui avance, très décidée, dans le désert.

« *A bear ! A Gobi bear !* » crie Philippe à Terbish qui arrive en courant.

Du feu coule dans nos veines, et nos cœurs battent à toute allure. Pourquoi est-ce presque toujours quand on lâche prise que les choses arrivent ? Ce n'est pas un signe, cela, bon sang, peut-être ? Que ce soit si souvent au moment même où l'on renonce que l'impossible s'incarne en une extraordinaire et confondante réalité ?

L'ours passe derrière une colline, Terbish et Pierre n'ont pas eu le temps de le voir. L'excitation est à son comble.

« Il va sûrement ressortir, dis-je.

– Oui, répond Philippe en bougeant sa longue-vue, il devrait ressortir de l'autre côté. Attendons quelques instants… Là ! Le voilà ! »

Il passe la longue-vue à Pierre, puis à Terbish, qui y collent fébrilement leur œil avide.

« On n'a que quelques secondes chacun, vite. Allez, Élise, encore à ton tour ! »

L'ours marche très vite, le corps trapu, la tête et les oreilles rondes, le poil brun, et chacun de ses pas se grave dans la mémoire profonde de nos cerveaux.

« Il court maintenant ! » s'exclame Pierre quand à son tour, il le regarde.

Nous avons le temps de l'observer deux fois chacun, nous partageant pieusement et fiévreusement l'observation, avant qu'il ne disparaisse. Ô désert ! Je saute de joie ! Pierre m'embrasse sur les joues. Terbish exulte. Nous sautons tous les quatre en haut de la colline, comme des fous, nous nous congratulons, nous nous serrons dans les bras au sommet des collines minérales, dans le crépuscule intense du désert. Nous avons vu l'ours de Gobi ! L'ours de Gobi, dans son milieu minéral ! Incroyable ! Un ours qui vit dans l'un des plus grands déserts du monde.

Cette scène de liesse vaut bien celle d'Yves et de Philippe au retour de la pointe du Vivier, à Quiberon, le jour où ils avaient vu l'albatros à sourcils noirs. Nous sommes fous de joie, et celle de Terbish est si belle, le bonheur de ce Mongol des steppes et du désert, qui voit son ours, son *mazaalai*, trotter dans l'ombre du soir ! C'était tellement inespéré, et nous étions déjà si heureux de l'avoir seulement pisté… Nous sommes comme des enfants. Vive les *crazy French people*, nous dit Terbish en riant. Peu de gens au monde ont vu l'ours de Gobi, peu de Mongols, et encore moins d'étrangers…

Il est environ vingt-deux heures trente, ce 25 juin dans le Gobi, et Terbish, Pierre, Philippe et moi sommes désormais unis par un lien invisible, une ancre commune, l'une de nos plus intenses joies de naturalistes voyageurs.

Quel chemin il aura fallu accomplir, pour quelques minutes d'émerveillement ! Comme le moment de l'observation est bref, au regard de l'attente. Mais il est temps de descendre de notre promontoire et de cesser de se féliciter. La nuit est vraiment en train de tomber, les collines ont quitté leur manteau d'or pour revêtir une teinte brune, et le ciel s'assombrit très vite. Nous dévalons la pente caillouteuse, dans l'ambiance minérale qui se teinte d'ombres, quand nous entendons un sifflement dans notre dos.

Nous nous retournons. Il n'y a rien. Nous sifflons à notre tour. Rien. La nuit est silencieuse.

Pas très rassurés, nous poursuivons notre chemin. Qu'est-ce que c'était ? Nouveau sifflement. Nous répondons de nouveau. Mais personne ne siffle en retour. C'est étrange. Et il est déjà bien assez mystérieux d'avoir vu un ours et de marcher tous les quatre dans le désert, pour ne pas y ajouter un signe de vie non identifié. Quelques instants passent, plus aucun bruit. Nous reprenons notre chemin. La nuit se densifie. Je pense au campement plein de crânes d'animaux. Des chamans auraient-ils pu venir jusqu'ici ? Avons-nous troublé leur tranquillité, avons-nous profané le territoire de l'ours ?

Nous sifflons à notre tour. Et cette fois, quelque chose nous répond ! Nous sifflons encore. Nous attendons un peu, puis nous voyons la silhouette de Matthieu Thayer surgir d'une colline et venir vers nous en courant. Il s'était perdu en voulant rentrer seul au camp mais, stoïque, il ne montre aucun signe de l'anxiété qu'il a sûrement ressentie. Nous lui racontons que peu après son départ, nous avons vu l'ours, il accuse le coup sans rien laisser paraître. J'envie ceux qui sont capables de contenir leurs émotions, moi qui suis si lisible.

Pendant que nous rallions le camp, j'imagine comme nous aurions été inquiets si nous ne l'avions pas retrouvé, et si, seul dans la nuit, il était tombé sur l'ours de Gobi. L'animal ne lui aurait sans doute rien fait, mais dans ce genre de circonstances, mieux vaut ne pas être cardiaque.

D'ailleurs, malgré la joie qui déborde de mon cœur, je ne suis pas rassurée outre mesure de dormir en plein désert avec un ours aux mœurs plutôt nocturnes qui se balade tout près d'ici, compte tenu de l'odeur de viande encore présente du repas de ce soir… Pour me calmer, je me répète, au moment de me coucher, que l'ours de Gobi a peur des humains – c'est ce qu'on prétend –, et je me pelotonne dans mon duvet, remplie de l'image de cet animal sauvage marchant dans le crépuscule, cet ours qui vit dans ce milieu silencieux jour après jour…

Et Dieu, alors ? Dois-je y croire, puisque j'ai vu l'ours ? Dieu, qu'est-ce que c'est ? Est-ce le mot pour l'amour, la vie, la mort ? Les arcs-en-ciel, les ours ? Dieu, est-ce le mot pour la pure beauté du monde, pour son secret, pour la lumière et pour la nuit, pour la vibration d'un hennissement de cheval, pour le murmure de l'eau et du vent ? Dieu, est-ce ce silence si puissant du Gobi ?

« Ce n'est pas parce que c'est un rêve que c'est impossible », ces mots me reviennent encore à l'esprit. Mais oui, c'est cela, le secret. C'est la nécessité de croire aux choses, de s'en remettre à une part de mystère, pour qu'elles arrivent, peut-être. Ne jamais cesser d'espérer, d'espérer non pas forcément d'avoir ce que l'on veut, mais uniquement que le meilleur survienne. Dieu, c'est peut-être ceci : l'espoir. Ce que les croyants appellent la foi. Ce n'est peut-être pas autre chose, et il n'y a pas besoin de religion, en réalité. Il y a seulement besoin de regarder la nature, de sentir vivre le monde, de percevoir le pouls de la vie. Il n'y a sans doute rien à comprendre, parce que tout est très simple : il n'y a pas de questions sans réponse, car la réponse est partout, autour de nous ; il n'y a pas d'athées, pas de croyants, nous nous trompons tous, en réalité, en nous arc-boutant sur nos convictions. Dieu, c'est seulement le mot humain pour dire la vie, l'espoir, les ours, les rires, et la fabuleuse merveille de faire partie de tout cela.

Mon esprit divague tandis que, le cœur et les oreilles vaguement aux aguets, le sommeil me gagne.

Comme Terbish était heureux, tout à l'heure ! Au moment de fermer les yeux sur l'image fantastique de cet ours marchant dans le désert, j'entends encore mon ami rire au loin.

Chapitre 17

Mazaalai karshan emegtei

En attendant que le petit-déjeuner soit prêt, je contemple deux plumes que j'ai trouvées dans la steppe au début du voyage. La première appartenait à une chouette chevêche – sous-espèce *lilith* – qui m'a copieusement engueulée un matin que j'étais venue faire pipi derrière un rocher, près d'une bergerie abandonnée, outrageant son territoire. De rage peut-être, elle en a perdu une minuscule plume douce comme de la soie, aux couleurs des sables, beige et blanche, comme elle. La seconde est une plume fuselée de syrrhapte paradoxal, blanche et ocre, un trait noir en son milieu, comme peinte au pinceau. Elle est douce, elle aussi, mais moins que l'autre. Le plumage des chouettes et des hiboux est d'une douceur incomparable, ce qui leur permet de voler en silence la nuit, de leurs ailes ouatées, et de fondre sans prévenir sur leur proie.

Je sais que l'on ne doit pas ramasser les plumes, même si elles sont simplement issues d'une mue naturelle, pour éviter les trafics alimentés par les collectionneurs et la circulation de maladies. Je les laisserai donc là où je les ai trouvées : dans le désert.

« Tu as bien dormi ? me demande Philippe, manifestement en pleine forme.

– Pas vraiment, non ! J'ai été prise toute la nuit de la peur que l'ours ne soit attiré par l'odeur de la nourriture et qu'il veuille venir manger mes barres de céréales dans la tente !

– Pfff. Et c'est quoi qui t'aurait le plus contrariée ? De voir un ours ? Ou qu'on te vole tes barres ? Tu les couves comme un trésor, tu ne m'en as même pas offert une depuis le début du voyage !

– Tu seras bien content de les trouver si on finit vraiment par tomber en panne ! S'il y a bien une chose dont je ne veux pas mourir, c'est de faim. »

Et ça tombe bien, car Tsevgee et Zoulaa nous appellent pour petit-déjeuner.

« Nous avons vu l'ours, mais le voyage n'est pas fini, mes amis, déclare Philippe un peu plus tard en se servant une grande tasse de thé salé. Nous allons prendre le départ vers le nord, jusqu'à Hödö Deliin Shobon Uul, ensuite nous rallierons le village de Bayan Tooroï et explorerons un marais au nord-ouest du village. De là, nous prendrons la route vers le Grand Gobi B, via les montagnes de Tayangiin Nuruu et la mine de Derstey. Puis route vers Alag Nuur, un lac en grande partie asséché, en plein désert, avec un milieu très marécageux où l'on trouve notamment des phragmites. Si tout se passe bien, nous y dormirons.

– Eh bien ! répond Pierre, tu crois que les camions vont nous porter jusque-là ?

– Ce n'est pas fini, mon ami. Quand nous en aurons terminé avec Alag Nuur, nous partirons en passant le col d'Ongotsnii Khondii davaa dans la steppe du Gobi B, moins inhospitalière qu'ici, vous verrez, où nous pourrons observer des chevaux de Przewalski – tu seras contente, Élise – vers Tahiyn Shar Nuruu. Par là-bas, il y a aussi des hémiones, un équidé sauvage très rare – le fameux *khulan* des Mongols. De là, nous aurons encore des passages de cols et de vallées, puis nous rejoindrons le grand lac du Tsetseg Nuur, en espérant qu'il soit accessible car les abords peuvent être boueux. Et Terbish m'a dit qu'il était infesté de milliards de moustiques…

– Je crains le pire, soupire Pierre en enfournant une saucisse. Et si on survit à tout ça ?

– Alors nous arriverons au lac salé d'Ikhes Nuur, où j'espère trouver une colonie de mouettes reliques. Il y a un vrai mystère à lever sur les lieux de nidification mongols des mouettes reliques. Mais je vous en parlerai plus tard… Ensuite, un peu avant la grande dépression marécageuse de Dzereg, nous chercherons des saïgas dans la steppe – une antilope incroyable, elle a un museau long qui ressemble à une petite trompe, je rêve de la voir depuis que je suis enfant… Je vous passe les détails, mais nous finirons par remonter par les montagnes d'Orzon Chuluu, et chercherons les oiseaux le long de la rivière Hovd. Nous prendrons de là un avion de ligne intérieure pour rejoindre Oulan-Bator.

– Je t'épargne le récit de tout ce que j'ai lu d'horrible sur les avions mongols, dis-je à Pierre.

– Oui, merci, je préfère ne pas savoir, répond celui-ci.

– Oulan-Bator… *Ulaanbataar*, le “héros rouge”, murmure Matthieu Kumlien, rêveusement. Comme cette ville semble loin, à présent… »

À entendre Philippe annoncer la suite du voyage, Terbish se sent obligé de nous fournir quelques petites précisions sur les milliards de moustiques. Il nous explique, l'air révulsé, qu'ils sont dans cette région particulièrement abominables et agressifs, et que les tiques, à côté, ce n'est rien du tout, mais vraiment, vraiment, rien du tout. Que là-bas, nul humain, nul animal domestique ne peut vivre, que seuls les *crazy French men* veulent s'y rendre et y chercher les mouettes reliques. Quant à se baigner et à se laver dans les lacs, il ne faut pas y songer : les sangsues y pullulent. Une fois sa litanie d'horreurs déballée, le voilà qui éclate de rire.

« Il est sardonique ! » fait mine de s'indigner Pierre.

Toutes ces perspectives ne sont guère rassurantes.

Le petit-déjeuner terminé, nous découvrons des traces d'ours, tout autour du camp, bien dessinées, nettes et enfoncées dans le sable. Elles n'étaient pas là hier. Il est bien venu, cette nuit, humer l'odeur des hommes et de la viande, mais il ne s'est pas approché. C'est un ours du Gobi, timide. Terbish m'a dit tout à l'heure que peu de femmes mongoles, et encore moins d'étrangères, avaient vu l'ours de Gobi. On peut donc désormais m'appeler *Mazaalai karshan emegtei*, « la femme qui a vu l'ours de Gobi ».

Il faut dire qu'avec Philippe, il était assez garanti de finir par tomber sur un ours. Pour une raison inexplicable, il attire les ursidés de façon déraisonnable : j'ai déjà vu plus d'ours dans ma vie que n'importe qui, en Roumanie, en Espagne, et maintenant en Mongolie. Et lui en a rencontré bien plus encore. C'est à la fois un grand bonheur naturaliste, mais, en certaines circonstances, cela peut se révéler fâcheux, et c'est la raison pour laquelle je décline toujours subtilement ses invitations à le suivre dans les grands parcs américains infestés de grizzlis. Je veux bien me coltiner – à une distance respectable – des ours bruns européens, mais l'*Ursus arctos horribilis* des Américains, nettement plus gros et plus imprévisible, facilement irascible, ne m'amuse pas du tout, surtout depuis nos discussions récentes à son sujet.

Toujours à mon idée, je demande un avis à Pierre :

« Qu'est-ce qu'on fait si un ours vient gratter votre tente pour manger vos barres de céréales ?

– Ben… tu les lui laisses ! » me répond l'étymologiste en haussant les sourcils.

Une fois le camp levé, Nyambayar nous entraîne pour vérifier son piège photo, curieux de savoir s'il a repris quelques clichés d'ours durant la nuit, mais ce matin, il fait chou blanc. Seul un podoce de Henderson, joli corvidé doté d'une calotte et d'une queue noires sur un corps nuancé de beige, fréquent dans les déserts du centre de l'Asie, volète tout autour de nous.

Nyambayar nous montre le maigre point d'eau où l'ours vient s'abreuver, petite flaque de rien du tout, que nous ne regarderions même pas chez nous, mais qui semble ici un trésor de vie.

À quelques mètres de ses bords, se confondant avec la terre, un syrrhapte paradoxal dort au soleil, sans doute après s'être longuement abreuvé. L'oiseau a le plumage ébouriffé de bonheur, l'œil mi-clos, il n'a pas envie de se déranger pour nous. Son petit œil noir nous observe, regard d'oiseau, bille sombre où se reflète un petit point blanc, un mince éclat de ciel. Son corps semble rebondi sous les plumes beiges, brunes, ocre, dorées, qui écaillent son dos et y dessinent le désert. Son bec même est de la couleur des pierres. C'est l'oiseau de ce paradis de silence et d'oubli, de nos rêves d'aventure, des secrets de ce désert sans écho où l'homme est interdit.

Je m'accroupis pour ne pas risquer de le déranger. Mais notre venue inopportune lui rappelle qu'il est temps de partir, que les syrrhaptes déjà sillonnent le ciel et qu'il paresse depuis trop longtemps. Alors il se lève, tranquillement, et étire ses ailes. J'aimerais humer sa chaude chaleur d'oiseau, de plumes poussiéreuses, tandis qu'il découvre ses rémiges pointues et la belle tache noire de son ventre. À force d'être restée immobile à le contempler, mes jambes tremblent un peu. Mais le syrrhapte n'est pas pressé, il s'étire longuement, comme tout animal après sa sieste, comme les enfants. Nous autres, adultes, ne prenons jamais le temps de vraiment nous étirer, dévorés que nous sommes par l'urgence de perdre notre précieux temps à nous presser. Le syrrhapte a tout son temps, et il s'ébroue au soleil, plumage hérissé, pour encore mieux se réveiller.

Pour finir, tranquillement, il s'envole et s'en va quelque part au pays des syrrhaptes, sans la moindre crainte. J'admire sa sérénité, moi dont la vie aura été une longue lutte contre la peur, un fleuve aux multiples méandres afin de libérer ma voix intérieure. Si j'y suis un peu arrivée, c'est à force de chercher les ours, les oiseaux, les chevaux. Ce triptyque totémique a, d'une certaine façon, guidé mon existence. Ours des forêts, ours des montagnes, ours des déserts, ours des glaces. Oiseaux du ciel, oiseaux des mers du Sud, des mers du Nord, oiseaux des friches, oiseaux des rivières ombreuses. Chevaux qui paissent autour des lacs d'argent, chevaux des steppes dorées, chevaux des sables, chevaux des collines, chevaux des îles. Trio fabuleux, sacré, indompté, forces de la nature, du vent, de l'eau, de la terre, amis parfois effrayants qui m'ont menée tout autour du monde. Mes totems.

Je sais déjà que, de ce voyage, je garderai tapi au fond de mon cœur, de mon âme, inscrit sur mes lèvres, sur ma peau, dans mes désirs, dans ma façon d'aimer et d'être aimée, dans mes yeux et dans ma voix, quelque chose de ces moments à Atas Bogd Uul. De ce campement perdu, de cette trêve au milieu du monde, de la sérénité de ce syrrhapte, l'évidence que la vie est une chance unique et qu'il faut que nous cessions de dresser entre elle et nous tous ces remparts absurdes pour nous protéger de la peur.

Comme l'ours qui danse avec la vie et qui trotte sous les étoiles pâles, partant jour après jour à l'assaut du désert, lac de sable et de pierres, comme l'oiseau doré qui sait se confondre avec un rocher pour ensuite s'envoler vers un ciel brillant comme un miroir, le futur des enfants de la Terre – offensé chaque jour, écrasé par les empires de l'argent sans pudeur et du sang versé, par les récoltes de blé sans saveur, les savoirs qui s'effacent, les efforts vains, les bouches sèches de chagrin – ce futur, indéniablement, est porté par une vérité sans mots. Cette vérité qui ne peut s'écrire, mais que nous sentons tous, autant que nous sommes, nous êtres vivants. Car la seule chose importante, le seul véritable amour, le seul savoir, celui qu'on entend si l'on écoute un désert, si l'on touche un arbre, si l'on serre la main de quelqu'un que l'on aime : cette vibration sourde de la vie.

Quel que soit l'avenir désastreux que nous nous construisons, quels que soient les drames et les larmes que nous nous préparons, il restera toujours, tant que le monde est monde, la beauté absolue et perpétuelle de la vie.

Mais nous sommes à deux cent cinquante kilomètres des premières yourtes perdues. Il est temps de partir.

Épilogue

Le coucou gris chante, invisible, perché au sommet d'un arbre – le chant facile à reconnaître d'un oiseau qu'on n'aperçoit presque jamais. Cela fait plusieurs jours que je lutte contre le décalage horaire, et bien qu'ici, sur les bords de la rivière d'Étel, il n'y ait pas d'ours, j'ai mal dormi.

En marchant dans le jardin, vers deux heures du matin, je me suis rendu compte à quel point nous avons tort, quand nous parlons du silence de la nuit. Elle n'est pas silencieuse. Rien de plus bruyant qu'une nuit d'été, une demi-lune rousse se levant à l'horizon sous un ciel clair d'étoiles. Les reinettes psalmodient, la hulotte chante, les chevreuils aboient, toutes sortes d'oiseaux poussent des brins de mélodie, des cris. Et puis il y a le bruit des arbres. Quand le vent bruisse, ils semblent se parler : une musique des arbres, étrange et douce, s'élève la nuit, qu'on n'entend pas le jour, faite de grincements, de frémissements des feuilles, de craquements d'écorce. Au loin, il y a toujours un homme pour faire pétarader une mobylette. C'est le bruit de la nuit, que ne soupçonnent pas ceux qui dorment, à l'abri dans leur maison. Il faut aller dehors, une heure ou deux, écouter, comprendre combien la nuit est vivante, habitée, éveillée. Oiseaux, mammifères, batraciens, insectes habitent la pénombre d'une façon bien différente de la journée. La nuit chuchote, respire autrement. Mais elle n'est pas silencieuse.

Dans le Gobi, le silence emplit l'espace, de jour comme de nuit, parfois seulement rompu par le chant flûté du traquet du désert. Mais le Gobi est désormais à l'autre bout de la Terre, et, fatiguée ou pas, je dois m'occuper des petites contrariétés du quotidien. Le Gobi, tas de cailloux dénué d'intérêt pour la plupart de mes semblables, était un refuge à nul autre pareil. Tiques et moustiques, grouillants, horribles et redoutables, protègent le désert, le rendent inhospitalier, difficile, inconfortable – parasites infernaux, cerbères du désert !

Depuis mon retour de ces lieux silencieux, je me suis déconnectée du fil sans fin de l'actualité, de ces informations des hommes, toujours les mêmes, cruelles et absurdes, complainte cynique et insensée de notre société détraquée. Après tout, nous pouvons vivre sans, et, comme les paysans d'autrefois au fond de leur campagne, je finis toujours par savoir ce qui se passe d'important chez les *Homo sapiens*. Le monde n'est pas qu'humain, nous ne sommes qu'une espèce parmi d'autres, et l'actualité des oiseaux migrateurs, des libellules et des chauves-souris est tout aussi intéressante. Je reste liée autant que possible à cette communauté sans paroles, enveloppée par la beauté paisible de cette Terre ahumaine.

Dans ma nouvelle maison, proche de la rivière d'Étel, un agriculteur a fauché le foin plus tôt que je ne l'aurais voulu, et je contemple, un peu agacée, les bottes serrées qui sèchent dans le grand pré. J'attends un artisan à qui je dois expliquer une montagne de travaux qui m'effraient et me pèsent. Mes petites juments blanches ont semblé heureuses de me retrouver : Umkhumbi, crinière ébouriffée, a henni en me voyant arriver, et Oasis, le regard doux, m'a léché les mains. Je lui ai expliqué que je venais de rencontrer une autre oasis, pleine de tiques, qui ne lui aurait pas du tout plu, et d'immenses mirages d'eau qu'on ne peut jamais boire.

Je leur ai dit que j'avais vu des chevaux de Przewalski, indomptables dans la steppe, des antilopes saïgas, des gazelles à goitre, des hémiones, et des milliers de chevaux mongols qui se rafraîchissent les jambes, les sabots et le ventre dans les lacs, dans ce pays sans ombre où ils sont heureux. Je leur ai dit que nous avions crevé un pneu peu après avoir quitté le campement de l'ours, que nous avions embourbé par trois fois les deux camions, plusieurs heures durant, sur la terre grise, mouillée, collante et argileuse des rives du lac Tsetseg Nuur, où chantait un plongeon arctique et se trouvaient les mouettes reliques, et que j'avais été assaillie par plus de moustiques qu'aucun cheval de Camargue n'ait jamais vus en toute une vie.

Je leur ai dit que nous avions fini par tomber en panne sèche d'essence en sortant du désert de Gobi, à environ un kilomètre et demi du premier village, et qu'une horde d'énormes tiques nous y avait à nouveau attaqués. Je leur ai dit que nous avions affûté le loup sans succès, bien qu'ayant repéré des signes de sa présence, mais que nous avions trouvé bien mieux, un ours, au fin fond des collines minérales, au crépuscule, au vent léger, dans le silence et la solitude. Qu'il était là, au loin, marchant dans la plaine, lui qu'on ne voit pas, lui l'invisible, lui dont on est content de ne découvrir qu'une trace, qu'une crotte, qu'une touffe de poils, lui qui vit au plus reculé des plus reculés des déserts du monde, lui qui a daigné se montrer quelques instants et faire bondir nos cœurs.

Au moment de quitter Oulan-Bator, Terbish nous a pris, Philippe et moi, dans ses bras, puis il nous a posé des baisers mongols sur les joues, des baisers soufflés, et non aspirés comme les nôtres.

Cela en dit long, cette façon d'embrasser. En aspirant, nous prenons ; en soufflant, les Mongols donnent, ils donnent un souffle d'air, un brin de vent, la liberté.

Les cœurs étaient serrés, les yeux humides.

« *You are my friend*, lui a dit Philippe.

– *Goodbye, crazy French man !* »

Nous voulons revenir. Il y a l'Est de la Mongolie, le pays des loups, et le Nord, celui des rennes.

« *Very much mosquitos !* » a prévenu Terbish, tout à fait d'accord pour nous y accompagner. « Envoyez-moi les photos où j'attrape les lézards ! » nous a-t-il encore demandé en anglais, avant de partir. Même Mongol, tout naturaliste reste un brin monomaniaque.

Mon corps porte encore les marques de l'expédition, bleus, griffures, une centaine de boutons de moustiques, trois kilos en moins, courbatures et manque de sommeil. Ma peau a pris un teint et une épaisseur de terre cuite, et mon esprit baigne toujours dans la lumière du désert. J'ai rangé ma *Liste des oiseaux du Paléarctique occidental*, elle attendra jusqu'au prochain voyage, quand nous partirons je ne sais où, ni quand, chercher les oies des neiges, les hareldes boréales, les élanions blancs, les tichodromes échelettes, les gélinottes des bois, les grands tétras, les chouettes de Tengmalm, les garrots à œil d'or, les cailles des blés, les rolliers d'Europe, les hiboux des marais, les pluviers guignards, les pics à dos blanc, les guifettes moustacs, les alouettes calandres, les grues cendrées, les mergules nains, les sternes voyageuses, les cincles plongeurs, les calliopes de Sibérie… et tous les autres.

Derrière moi, j'entends une voiture qui se gare. L'artisan que j'attendais est arrivé, et je jette un dernier coup d'œil à l'étendue d'herbe séchée qui se déroule paisiblement devant moi. Je suis très loin des steppes mongoles, mais, où qu'on aille, il reste l'horizon.

Remerciements

Merci à Philippe J. Dubois, mon compagnon d'aventures depuis tant d'années, et avec lequel j'ai déjà croisé tant d'ours différents, dans le Gobi bien sûr, mais aussi en Roumanie, en Espagne, au Spitzberg, en Finlande !

Merci à toute la merveilleuse équipe mongole.

Merci à Olivier Pollet (Escurcia).

Merci à Pierre Cabard d'avoir écrit son extraordinaire *Étymologie des noms d'oiseaux*, et pour toutes les aventures partagées.

Merci aux naturalistes qui m'ont incitée à faire de cette expédition un livre.

Merci à la philosophe Laurence Devillairs, pour tous ses encouragements.

Enfin, un merci particulier à mon éditeur, Christian Counillon, pour son soutien sans faille et sa relecture attentive.

Table

DE LA MÊME AUTRICE

Sur le chemin des oiseaux, Éditions Grasset, 2023.

Petite philosophie des oiseaux, Éditions La Martinière, avec Philippe J. Dubois, 2018.

Bande dessinée

L'éco-anxiété ne passera pas par moi, Delachaux et Niestlé, 2020.

Mais pourquoi j'acheté tout ça !? Stop à la surconsommation, Delachaux et Niestlé, 2018.

Retrouvez toute l'actualité des éditions Albin Michel
sur notre site albin-michel.fr
et suivez-nous sur les réseaux sociaux !
Instagram : editionsalbinmichel
Facebook : Éditions Albin Michel
X : AlbinMichel
YouTube : Editions Albin Michel

Composition : IGS-CP
Impression : CPI Firmin Didot en février 2024
Éditions Albin Michel
22, rue Huyghens, 75014 Paris
www.albin-michel.fr

ISBN : 978-2-226-49060-5
N° d'édition : 25779/01 – N° d'impression : 177872
Dépôt légal : mars 2024
Imprimé en France